Darstellung
selbsterlebter mystischer
Erscheinungen

von

Melchior Joller

Darstellung
selbsterlebter mystischer
Erscheinungen

von

Melchior Joller,

Advokat und gewesenem Mitglied
des schweizerischen Nationalrates von Stans,
Kanton Unterwalden.

1863.

Impressum:

© 2017 Matthias Wagner (Hrsg.)

Herstellung und Verlag: BoD-Books on Demand, Norderstedt.

ISBN: 978-3-74489-656-6

Vorwort.

PHÄNOMENE, denjenigen ähnlich, welche in vorliegender kleiner Schrift geschildert werden, sind seit sehr früher Zeit beobachtet worden, ohne daß es bis jetzt möglich geworden wäre, eine sogenannte „natürliche" Erklärung von denselben zu geben. Es fehlt nicht an Beispielen, die, den sogenannten „Spukwirkungen" nachgeäfft durch betrügerische Menschen mit Bewußtsein und Überlegung in verderblich selbstischer Absicht verübt, später entdeckt wurden und dann freilich ihre „natürliche" Erklärung finden konnten. Davon ist hier nicht die Rede, sondern von jenen zahlreichen Fällen aus allen Jahrhunderten der christlichen Ära und auch schon der klassischen Zeit, wo die genaueste Untersuchung, die umsichtigste, lange fortgesetzte Beobachtung weder natürliche Ursachen und Kräfte auszumitteln vermochte, noch durch solche die besondere eigentümliche Beschaffenheit dieser Erscheinungen hätte zustande kommen können, wo für die Schall- und Lichtphänomene, für die Bewegung und Versetzung der Gegenstände, das Öffnen und Schließen der Türen, die erschütternden Schläge, die unheimlichen

Berührungen und visionären Bilder durchaus keine natürlichen Ursachen nachzuweisen waren. Zu diesen Fällen gehört der vorliegende und man muß es dem Verfasser Dank wissen, daß er unbeirrt um das Geschrei der Unwissenden und in falscher Aufklärungssucht Befangenen eine so treue objektive Darstellung desselben gegeben hat.

Es handelt sich überhaupt hier gar nicht um Unglaube oder Aberglaube, Aufklärung und Verfinsterung etc., sondern die Frage ist: Existieren in der Welt der Erscheinungen, welche nicht aus den bis jetzt bekannten Naturgesetzen zu erklären sind, sondern eine andere Art von Wirksamkeit als die gewöhnlichen mechanisch-physikalischen Vorgänge voraussetzen, oder existieren dergleichen nicht? Im Hinblick auf die Erfahrungstatsachen in den verschiedensten Zeiten und bei fast allen Völkern darf man keinen Augenblick anstehen, jene Frage bejahend zu beantworten, und kann noch beifügen, daß die Spuksphänomene teilweise selbst gegen die physikalischen Gesetze, z. B. das der Schwere erfolgen. Es gibt Fälle, wo solche Wirkungen offenbar durch Lebende hervorgebracht wurden, nicht mit den Kräften ihres tagwachen bewußten Lebens, sondern mit den ihnen selbst verborgenen ihres magischen Innersten, und zwar um zu necken, zu stören, zu schrecken und zu schädigen, während in anderen Fällen diese Erklärung nicht auszureichen scheint.   Es ist die Aufgabe der Psychologie und Naturwissenschaft, nach und nach auch in diese geheimnisvolle Region des geistigen Lebens Licht zu bringen, was nicht bei Ignorierung oder törichter Verspottung der Tatsachen, sondern nur bei deren Beobachtung und Erforschung möglich ist.[1]

---

[1] Wir verdanken dieses Vorwort, wie der Schluß zeigt, einem gelehrten und teilnehmenden Freunde und Professoren an einer der schweizerischen Hochschulen.

WENN ich hier die mystischen Erscheinungen, welche sich vor einiger Zeit in meinem Hause gezeigt haben, zusammenfasse, so geschieht es hauptsächlich auf mehrseitige Anregung von Männern, deren tiefe Gelehrsamkeit insbesondere auf dem Gebiete der Naturwissenschaft und Psychologie als Autorität gilt. Mein Streben ist daher, diese Erscheinungen mit aller Gewissenhaftigkeit rein und wahr so darzustellen, wie ich selbst, meine Hausgenossen und eine Menge von Zeugen sie wahrgenommen haben. Es ist das umso leichter, als dieselben meistens am hellen Tage, selten nur zur Nachtzeit aufgetreten sind, und ich sie in meinem Tagebuche Tag für Tag genau verzeichnet hatte.

Was mich bei dieser Aufgabe bemüht, ist daher nicht die Arbeit an und für sich, sondern vielmehr die ungünstige Aufnahme, die ihrer, weil im Gegensatze zur allgemeinen Anschauungsweise stehend, wartet, wie diese sich von der gegenwärtigen Volksschule bis teilweise in die Sphären des höheren Unterrichtes Geltung verschafft hat. Das Bemühen, alle Erscheinungen in der Natur auf deren bekannte Gesetze zurückzuführen, und der damit nicht selten verbundene Wahn, auch die letzte Perle aus dem Ozeane der Wissenschaft aufgefischt zu haben, begegnet allem, was ich unter diesen Gesichtskreis nichts fassen läßt, mit kopfschüttelndem Unglauben, und die Erfahrung zeigt, daß man dem sinn- und grundlosesten Gerüchte ohne das Bedürfnis einer Untersuchung zu fühlen, ein viel willigeres Ohr leiht, als daß man etwas annehmen will, was man nicht zugleich zu fassen und sich zu erklären vermag. Daher die Konsequenz, daß selbst die schonende Hand wenigstens abschält, was ihrer Auslegung nicht passen will und als Schale wegwirft; sofern man sich die Sache nicht noch leichter macht und die ganze Geschichte hohnlächelnd in die Spielkammer der Ammenmärchen wirft. Und doch darf ich auch diesem Gebaren kaum zürnen. Wäre der Spuk nicht mir selbst begegnet und hätte nicht derselbe mit seinem rasenden Ungestüme mit wenigen Unterbrechungen wochenlang am hellen Tage mich bei all meinen wachen Sinnen von seiner Existenz gewalttätig überzeugt, - ich würde der bloßen Erzählung anderer kaum anders, kaum viel besser begegnet sein.

Abgesagter Feind solcher Mystik stand ich seit zwanzig Jahren, wie ich das als bekannt voraussetzen darf, im Gegensatze zu dem Glauben an derartige Erscheinungen und hielt strenge darauf, schon solche Erzählung von meinem Hause fern zu halten.

Wie eine bittere Ironie der Schicksalsfügung traf mich daher dieser Schlag unvermutet und so schwer und hart, wie es unter meinen Verhältnissen kaum ein anderes

Unglück vermocht hätte. Doch die ewig frische Quelle der Forschung, aus der ich in so mancher unmutvollen Stunde neue Stärken schöpfte, stand auch hier mir labend zur Seite. Dieser und nur dieser zulieb – was mir auch dieses Schriftchen Unangenehmes und neuerdings Kränkendes bringen mag – , habe ich den aufmunternden Vorstellungen Gehör geschenkt, der Wahrheit dieses Problems entgegen den in der Publizität bisher arg entstellten Tatsachen, unverfälschtes, öffentliches Zeugnis zu geben.

WER sich für eine Begebenheit interessiert, dem kann Ort und Stelle auch nicht gleichgültig sein, wo sich dieselbe zugetragen hat. Ich halte es daher für nötig, eine möglichst genaue Beschreibung der Lokalität, sowie einige Notizen über die Schicksale der sie bewohnenden Familie vorauszusenden.

Das Haus, in welchem diese Phänomene auftraten, liegt in einer der freundlichsten und sonnigsten Lagen des Stansertales, da wo sich dessen Fläche um den südwestlichen Vorsprung des Bürgens biegt, und ist seit dem Überfalle der Franzosen 1798 an frischer Stelle erbaut. Das ältere Wohnhaus meiner Vorgänger, welches vor ungefähr hundert Jahren mein Urgroßvater mit der angrenzenden Wiese „Speichermatt" angekauft hatte, war mit dem Stammhause der Zelger, jenes in der Geschichte von Nidwalden berühmten, in dieser Branche nun erloschenen Geschlechtes durch eine schwebende Laube verbunden und enthielt ehedem im ersten Stocke die Zimmer für das Gesinde, im oberen den Speisesaal für die Herrschaft. Nachdem es am 9. September 1798 niedergebrannt worden, wählte meine Großmutter, damals Witwe, Veronika Gut, den Bauplatz etwa zwanzig Schritte von der Brandstätte weiter auf der Wiese zurück, und ließ dort nach dem Modelle der neuen Landhäuser sehr einfach und flüchtig, um möglichst bald wieder unter ein eigenes Dach zu kommen, das gegenwärtige Haus erbauen.

DAS damals neue Bauernhaus von Nidwalden ist ein hoher, frohmütiger Bau und darf sich als solcher neben die freundlichsten Landhäuser der Schweiz stellen. Das aufgemauerte Erdgeschoß bildet in der Regel die Sennoder Waschhütte, in der Landessprache einfach „Hütte" genannt, mit der ein oder mehrere Keller in Verbindung stehen. Auf dieser Mauer des ersten Stockes ruhen die Holzwände des oberen Baus mit wenigstens zwei vollständigen Stockwerken, von denen das untere die Wohnstube, Kammer (anstoßendes Schlafgemach), Küche, Gang und Treppe, das obere auf beiden Seiten des Hauses ausgeladen, nebst Gang und Treppe drei bis fünf Lauben (Schlafzimmer) enthält. Über diesem zweiten Wohnboden befindet sich bereits im Dachraume zwischen beiden Dachkammern der „Saal" und über demselben die „Diele" (Waschtröckene). Nach diesem Plane ward auch das bezeichnete Wohnhaus, dessen Front nach Südwesten schaut, ausgeführt.

Der Grund, auf dem es ruht, ist aufgeschwemmter, fester Kiesboden. Gräbt man vier bis fünf Fuß tief, so stößt man auf Wasser, und mit acht Fuß Tiefe besitzt man einen bei der hartnäckigsten Trockenheit unversiegbaren Brunnen, aus dessen Sand- und Kiesschichten ein reines, frisches Trinkwasser herausgeschöpft wird.

Das Erdgeschoß zerfällt hier in drei Gemächer, als: Die Hütte, in welche man von außen auf der Nordwestseite des Hauses eintritt und die in der westlichen Ecke ungefähr den dritten Teil des ganzen Umfanges ausfüllt. Außer einem schmalen Querfenster über der Türe empfängt dieselbe das Licht von einem einzigen Mauerfenster und ist somit bei geschlossener Türe ein nur sparsam beleuchteter Raum. Aus derselben führt zur Rechten nach der südlichen Seite hin ein, und zwar die einzige Türe in den Keller, welcher sich unter der Wohnstube befindet und sein Licht durch zwei mittelgroße Kellerfenster erhält. Zur Linken steigt man aus der Hütte wenige Stufen tief in den Milchkeller, der sich auf der hinteren oder östlichen Seite des Hauses dessen ganzer Breite nach hinzieht und nebst einem engen Mauerschlitze zwei Fenster hat, die, wie alle übrigen mit Eisenstäben vergittert sind. Zwischen dieser Türe und der nördlichen Mauerwand führt eine eingeschlossene Stiege in die Küche des ersten Wohnbodens hinauf. Jene ist außer dem Kamine, welches den Rauch aus der Hütte in den weiten Kaminschoß der Küche führt, im Innern die einzige Verbindung des Erdgeschosses mit dem ersten Wohnboden.

Der gewöhnliche Eingang zum Wohnhause aber führt auf der oberen oder südöstlichen Seite durch eine Weinlaube, deren Rebe die Sonnenseite des Hauses übersponnen hat, über eine Treppe von außen auf eine kleine Vorlaube, von der man durch die Haustüre in den

Gang tritt, der direkt an die Küche hinführt. Ungefähr in der Mitte dieses Ganges befindet sich zur Linken die Türe zu der ziemlich geräumigen Wohnstube. Von den fünf Fenstern derselben schauen zwei durch die Spaliere nach dem Garten, sodaß man von den oberen Stufen der Treppe durch das eine leicht von außen in die Stube sehen kann, drei sind in der Front des Hauses. Zur Linken steht das Eckbuffet und zur Rechten deckt die offenstehende Stubentüre etwa zur Hälfte den großen Ofen, der von der Küche her geheizt wird. Seine untere Längenseite bildet einen Teil der Mittelwand, durch die man in das anstoßende Schlafgemach (Kammer) eintritt und enthält ein, mit Ausnahme des circa zwei Zoll^2 weiten Dampfzuges nach dem Küchenkamin, nur von dieser Seite sich öffnendes, im Inneren ein ziemlich weites „Ofenrohr". Zwei Fenster von der Front und eines von der unteren oder nordwestlichen Seite erhellen dieses Zimmer, das mit der Stube ungefähr die vordere Hälfte des zweiten Bodens ausmacht und durch eine am unteren Ende der Scheidewand zwischen Kammer und Küche angebrachte Türe mit letzterer in Verbindung steht. Tritt man hier auf den Dielenrand über der Hüttenstiege in die Küche, so umfaßt zur Rechten ein weiterer Kaminschoß den Feuerherd, die Einmündung des Hüttenkamins und den Heizplatz des Ofens bis zur

---

^{2} 1 Zoll = 3cm.

Türe in den Hausgang. In der nördlichen Ecke, wo man von der benannten Treppe auf den Küchenboden tritt, ist die Wasserpumpe des im Milchkeller gegrabenen Sodes angebracht, die aber seit den letzten Jahren unbenutzt geblieben. Das nötige Licht erhält die Küche durch ein Fenster von der Nordwestseite.

Links neben der Türe, durch die man wieder in den Hausgang kommt, befindet sich eine zweite, welche in ein schmales „Küchenstüblein" sich öffnet, das durch ein eisenvergittertes Fenster nur ein durch den Anbau vermitteltes spärliches Licht empfängt. Kehrt man aus der Küche durch den Hausgang wieder zurück an die Haustüre, lenkt ein schmales Gänglein zwischen der Haus- und der Rückwand des Küchenstübleins zum Abtritte, der früher an der Außenseite des Hinterhauses angebaut war, später aber in den Anbau eingeschlossen wurde. Dieses Gänglein, ein Haupttummelplatz der Erscheinungen, beim Ein- und Ausgange mit Türen verschlossen, ist ohne Licht. Links von dem Eintritte in dasselbe führt im Hausgange an der Längenwand des benannten Stübleins gegenüber der Stubentüre die Stiege auf den zweiten Wohnboden. Derselbe war ursprünglich in vier, jetzt in fünf Zimmer eingeteilt, von denen zwei geräumige gegen die Vorder-, die übrigen drei gegen die Rückseite des Hauses liegen. Von der Stiege auf den in gleicher Richtung über dem unteren Gang situierten oberen Hausgang tretend, führt rechts eine Türe in ein Schlafkabinett, durch welches man auf die Terrasse gelangt, die wir später betrachten. Von der Stiege aber gerade vorwärts tritt man an die Türe meines, über der Küche gelegenen Studierzimmers, das mit dem erwähnten Kabinettchen in Verbindung steht. Links, über der Kammer, liegt das untere, und über der Stube das obere Schlafgemach, welche beide ohne innere Verbindung nur vom Gange aus betreten werden können. Wendet man sich auf diesem Gange zurück, so gelangt man links, über dem oben erwähnten finsteren Gänglein, in das zweite Schlafkabinettchen oder fünfte Zimmer dieses Bodens, Gartenzimmer genannt, da dessen Fenster, wie dasjenige des Ganges, nach dem Garten schaut. Diese beiden Kabinette bildeten früher nur ein langes, schmales Zimmer, das gleich nach der Erbauung des Hauses zu den damaligen Revolutionszeiten meiner Großmutter als Depot des geheimen Waffenhandels diente. In gleicher Richtung mit der unteren Stiege führt über derselben eine zweite auf den dritten Wohnboden mit dem in der Front zwischen beiden Dachkammern, jetzt zu einem freundlichen Wohnzimmer eingebauten Saale, in welchen man von der Stiege gleich links durch eine Flügeltüre eintritt. Neben derselben steht ein Kochherd mit einem eigenen an das von der unteren Küche aufsteigende Kamin angelehnten Rauchfange. Diesem gegenüber öffnet man die Türe zu einem Schlafzimmer, das nach der Rückseite des Hauses schaut. Der Eckteil der oberen Dachkammer zur Rechten der Stiege dient als abzuschließendes Küchenstüblein oder Holzbehälter. Von der Stiege durch die Küche vorwärts führt eine Türe nach der unteren Dachkammer, von der man auf die „Diele" oder den Trockenboden hinaufsteigt, der durch zwei Fenster im Giebel der Vorder- und Rückseite des Hauses erhellt und gelüftet wird. Die Kamine der unteren und oberen Küche, die sich erst da, wo sie aus dem Dache steigen, zu einem engen Schornsteine vereinigen, sind mit einer Steinplatte über vier kurzen Eckstücken gedeckt; Seiten-öffnungen im Innern des Hauses haben sie keine. Sämtliche Wohnboden haben einfache Dielen, auf die später in einigen Zimmern unmittelbar Fußboden gelegt worden waren, und andere Zwischenräume, als wo etwa die Bleiwaage des Tischlers mit derjenigen des Zim-mermanns nicht übereinstimmte, enthalten sämtliche Boden keine.

Im Jahr 1850 wurde das Haus durch einen Anbau auf dessen Rückseite mit eigenem Eingang vergrößert. Derselbe enthält einen gewölbten Keller mit vier eisen-vergitterten Fenstern, in den man aber nur aus dem Milchkeller gelangen kann. Der einzige Wohnboden, der drei Zimmer und eine Küche nebst den beiden Abtritten, von denen aber der zum Hause für dasselbe abgeschlossen ist, umfaßt, enthält gar keine innere Verbindung mit dem Vorderbau und ist mit einem Plattdache von Asphalt gedeckt, das als geräumige Terrasse durch das mit meinem Schreibzimmer verbundene Kabinettchen betreten werden kann, und über den Wipfeln der nahen Obstbäume ein herrliches Panorama zwischen den Höhenpunkten vom Rigi, Pilatus und Wallenstöcken darbietet und eine mannigfaltige Szenerie von Tal und Hügel, Berg und See mit dem malerischen Hintergrunde des freundlichen Schwyz entfaltet.

Wie aus den Akten erhellt, stand auf dieser Speichermatt noch vor ungefähr dreihundert Jahren ein Wohnhaus, dessen Platz man aber nicht mehr kennt.

DIE Geschicke meiner Familienvorgänger waren meines Wissens früher von gar keinen auffallenden Ereignissen begleitet, bis die Französische Revolution in das stille Ländchen, und in mein großväterliches Haus nicht am wenigsten, Bewegung brachte.

Schon während den letzten Lebensjahren meines kränklichen Großvaters, der bei seinem wenige Jahre vor dem Überfalle erfolgten Tode zwei Söhne und vier Töchter hinterließ, griff seine Ehehälfte, eine Person, deren männlicher Charakter aus jedem Zuge ihrer ernsten Miene schaute, nicht bloß mit kräftigem Arm in die Haus- und Landwirtschaft ein, sondern trat auch mit seltenem Eifer und großer Aufopferung als eine Frau von echtem alten Schrot und Korn den Neuerungen der Revolution entgegen. Sie ratschlagte nicht bloß im Kreise der eigenen Landsleute, sondern sie zählte auch ihre Vertrauten in Uri und Schwyz, mit denen sie mittelst Eilboten in lebhaften Verkehre stand, und ihr Haus war es, wo die Vaterländischen, nicht selten mit beißendem Spotte gegen die Franzosen gesalzenen Lieder vom „Emmetter-Dorle", der damaligen Volkssängerin und ihrer intimen Freundin, in passender Weise ihren Kinder vorgesungen wurden und von da in den Mund des Volkes übergingen. Da ihr Freier, mehr um ihret- als um seinetwillen im Kriegsrate saß, hatte sie auch da einen Vertreter ihrer Meinung zum äußersten Widerstande,

welchen Kriegsentschluß sie noch sechs Tage vor dem
Überfalle mit einem letzten Darlehen von sechshundert
Gulden unterstützte, wofür der Kriegsrat ihr „das ganze
Land als Bürge und Zahler" in feierlicher Obligation
angewiesen hatte, deren Einlösung aber unterblieb. Der
schreckliche Tag, der am 9. September 1798 über
Nidwalden losbrach, hatte auch sie schwer getroffen.
Das erste, was sie vom Beginnen des Kampfes erfahren,
war die Todesnachricht von ihrem älteren Sohne, der mit
achtzehn Jahren von der Begeisterung seiner Mutter
hingerissen als Freiwilliger zur Verteidigung des Ufers
nach Kehrseiten geeilt war und als der Erste im blutigen
Kampfe fiel. Sie selbst im Glauben fest, daß der Sieg dem
Lande werden müsse, mochte, vor der Flucht bis zum
letzten Augenblicke sich sträubend, kaum ihr nacktes
Leben und das ihrer übrigen Kinder vor dem mit Mord
und Brand anstürmenden Feinde retten. Hinter ihr
loderte Haus und Scheune mit all ihrer Habe in wilder
Flamme auf. Und als die ersten Greuel der Kriegsfurie
sich gelegt, wartete Ihrer das Gefängnis und folgten
schwere Kosten und Kriegssteuern, während sie sich mit
dem Wiederaufbau von Haus und Scheuer beschäftigen
sollte. Nicht genug, Sie sollte auch des Kelches bitterste
Hefe trinken, und das Schwerste, was ein Mutterherz
treffen kann, erdulden. Es waren seit jenem Schrek-
kenstage drei Jahre und ein Tag verflossen. Da klopfte es

an die Wand des halbausgebauten Hauses und rief ihr durch die stockfinstere Nacht eine unbekannte Stimme: Soeben habe eine sengende Kriegshorde das Land betreten, sie solle sich so schnell wie möglich mit ihren Kindern in die Flucht werfen. Woher diese frevelhafte Lüge kam, konnte man mit Sicherheit nie erfahren. Sie raffte das Nächste zusammen und floh mit ihrer erschrockenen Familie durch das Dunkel der Nacht gegen Engelberg. Mein Vater, damals ein fünfzehn-jähriger Knabe, lenkte mit dem Begleiter, den sie gefunden hatte, nach Dallenwyl ab, sie aber, ohne sich aufhalten lassen zu wollen, setzte ihre Flucht fort bis über Wolfenschießen, wo sie auf einem schmalen Stege über die reißende Aa setzen wollte, um auf dem jenseitigen Ufer das Haus eines politischen Freundes zu erreichen. Sie ging voran, ihr nach die vier Töchter. Als sie gegen die Mitte des Steges kamen, geriet er in zunehmendes Schwanken, und – kaum, daß sie ans jenseitige Ufer gesprungen war, brach er hinter ihr krachend zu-sammen. Ein nasses Grab umschlang die umsonst nach Hilfe rufenden vier Mädchen, von denen das älteste neunzehn Jahre zählte. Doch über all diesem Unglücke und dem rasenden Mutterschmerz vergaß sie das Vaterland nicht, und wir finden sie schon im folgenden Jahre wieder mit aller Tatkraft an der Befreiung des-selben vom französischen Joche arbeiten, wo sie im

Geheimen einen nicht unwichtigen Waffenhandel führte, ein dazumal noch sehr gefährliches Geschäft, und zwar mit so wenig Eigennutz, daß sie am 21. Oktober 1802 „dem Bauherren Vonbüren zuhanden des gesamten Landes für Einkaufung benötigter Gewehre" u.s.f. wieder ein Darlehen von 318 Gulden 36 Schilling machte, von denen laut Obligation „Hr. K. Egger 96 Gulden für Eilboten nach Bern, Thun, Glarus, Uri und Schwyz in Empfang nahm."

Im folgenden Jahre, als die Rückkehr der alten Zustände wieder errungen war, schritt sie nach wohlgesetztem Vertrage mit dem Kriegsrate M. O. zur zweiten Ehe; übertrug bald hierauf ihrem einzig noch erhaltenen Sohne, der seit dem Überfalle meist allein die Landwirtschaft zu besorgen hatte, das Heimwesen mit den neuerstellten Gebäuden, und zog sich in den nahen Flecken Stans zurück, wo sie sich anno 1815 unter ernsten Verfassungsentwürfen eines Separat-Bundes für die drei Unterkantone noch einmal mit aller Kraft gegen den Eintritt in den „Zyribund" (Bundesvertrag von 1815) wehrte.

Die schwere Zeit, die über Nidwalden ergangen war, machte auf den gesunden Verstand meines Vaters, der sich frühzeitig verehelichte und in glücklicher Ehe zwölf Kinder erzeugte, von denen sieben meist frühe starben, nicht ganz denselben Eindruck, wie auf seine Mutter, und man zählte ihn, als die Dreißiger Jahre wieder politische Parteien hervorriefen, zu den wenigen Liberalen dieses Ländchens. In diesem Geiste ward auch die Familie erzogen. Die Erlebnisse aus den Revolutionsjahren boten häufigen Stoff zu den Unterhaltungen im Abendkreise der Familie, oder wenn die Nachbarn z'hand (zum Besuche) kamen, wo wir Kinder immer aufmerksame Zuhörer waren. Bei recht guter Laune, die bei meinem fröhlichen und friedliebenden Vater nicht selten war, sang er mit wohlklingender Stimme ein vaterländisches Lied, das er weiland vom Emmeter-Dorle zur Freude seiner Mutter gelernt hatte; von Gespenstergeschichten hörte man wenig. Das einzige, was mir noch hell in Erinnerung schwebt, ist die Erzählung einer alten Dame im nachbarlichen Zelgerhause, die uns versicherte, daß lange Jahre jeweilen bei Festessen im Speisesaale des Hauses, welches wie oben erwähnt, die Familie dann später an meinen Urgroßvater verkaufte, ein dienstbarer Geist in unförmlicher Gestalt die Tafel gedeckt habe. Sie schilderte uns denselben, den sie gar oft gesehen, und seine Verrichtungen so präzise und mit einer solchen Gewißheit, daß wir uns nie getrauen mochten, wenigstens laut, einigen Zweifel in ihre Behauptung zu setzen. Wie alle Mitglieder der Familie, die ihre Erzählung bestätigten, war es eine Person von hellem Verstande. Bei Anlaß einer Primizfeier[3] habe dieser Geist seiner Verrichtungen zum letzten Male vorgenommen. Trotz ihrer Bestimmtheit konnte ich einen leisen Zweifel als Kind schon nicht unterdrücken.

Im Jahre 1829, da ich bereits das Gymnasium betreten hatte, schloß meine Großmutter ihr vielbewegtes Leben als eine allgemein geachtete, gerechte, mildtätige und fromme Frau. Da ihre zweite Ehe kinderlos geblieben, waren wir Kinder von ihr mit echt großmütterlicher Liebe behandelt, obschon sie den Ernst auf ihrem vollen markierten Gesichte auch im wohlwollendsten Augenblicke nie verleugnen konnte. Sie trug sich unveränderlich bis zu ihrem Tode in alter Nationaltracht. Nicht minder gewogen war uns ihr an die Stelle unseres Großvaters getretener Gemahl, der ihr bald ins Jenseits folgte. Im Jahre 1845 starb mein unvergeßlicher Vater, ein Mann von hellem Geiste und tiefem Gemüte. Wer ihn kennenlernte, mußte ihn schätzen und lieben, woher es kam, daß er trotz seiner verpönten politischen Gesinnung mit den wichtigsten Verwaltungen der Gemeinde Stans betraut wurde.

Als einzigem Sohne fiel mir sein Heimwesen zu. Neben Führung der Landwirtschaft lebte ich jetzt fortan der seit meiner Rückkehr von der Universität 1841

---

[3] Die erste Messe mit Meßopfer, die ein neugeweihter röm.-kath. Priester hält.

angetreten Rechtspraxis, und trotz der jäh nach den Zeitverhältnissen mehr oder minder schroffen Oppositionsstellung zum Sonderbunde und seinen Trägern gewann mir mein offenes Auftreten in Wort und Schrift stets ein anerkennendes Zutrauen des Volkes, das mehr als einmal bei Landesgemeinden mein Wort selbst gegenüber dem Einmute der gnädigen Herren und Oberen mit Kraft unterstützte, und im Oktober 1857 mir das Mandat als Mitglied in den Schweizerischen Nationalrat übertrug, was das geringe Wohlwollen meiner hochgestellten Gegner nicht eben mehrte. Gewohnt aber festzuhalten an meiner Überzeugung ließ ich mich nie weder durch Mißfallen, noch Hohn, abhalten, selbe wie bei öffentlichen Anlässen, so in dem von mir anno 1844 gegründeten, nach baldiger gewaltsamer Unterdrückung anno 1848 wiedererstandenen, und jahrelang redigierten freisinnigen Nidwaldener Wochenblatte auch unverhohlen auszusprechen. Und geschah es mitunter etwas scharf; persönlich war ich deshalb keinem feind!

War im Allgemeinen diese Bahn meines öffentlichen Lebens selbstverständlich eine dornige; so blieb sie doch nicht leer an Rosen. Auf dem Gebiete des Rechtslebens sah ich unter tätiger Mitwirkung eine meiner früh schon gefaßten Lieblingsideen für ein humaneres Strafverfahren, namentlich für Verwerfung der Todesstrafe, in einem so schweren Falle sich verwirklichen, daß die Vollstreckung derselben für die Zukunft im Kantone Nidwalden zur moralischen Unmöglichkeit geworden; und auf dem Gebiete des politisch-sozialen Lebens sah ich mit unvergeßlicher Freude in dem schwer errungenen, mächtigen nationalen Verbrüderungsfeste der Schützen wieder eine Scheidewand der Vorurteile fallen zwischen den Unterkantonen und der übrigen Schweiz.

In meinem Hause blühten mir sieben gesunde Kinder, vier Knaben und drei Mädchen auf. Daß ich gerne im Familienkreise verweilte, erwähne ich zum Beweise meines häuslichen Glückes. Der Aberglaube war in unserem Hause, wie von jeher, so auch jetzt ein verpöntes Ding, und ich darf behaupten, daß kaum eine Familie mit weniger Gespensterfurcht ist auferzogen worden als die meine. Deshalb nannte ich es eine Ironie des Schicksals, daß gerade da so unerklärbare Erscheinungen auftraten, wo sie auf den hartnäckigsten Unglauben stoßen mußten.

DIE erste auffallende Wahrnehmung, an die wir uns erst seither gegenseitig wieder erinnert haben, weil wir sie damals unbeachtet ließen, wollte um den Anfang des Herbstes 1860 unsere damalige Dienstmagd gemacht haben. Diese erzählte uns eines Morgens, daß sie letzte Nacht (sie schlief im Zimmer über der Kammer) ein deutliches Klopfen an ihre Bettstätte gehört und gefühlt habe. Sie hielt unzweifelhaft dafür, es habe sich ihr jemand „gekündet" und es werde nun wahrscheinlich im Hause selbst bald eines sterben. Diesen Aberglauben ihr verweisend, befahl ich ihr streng, fürderhin dergleichen bei sich zu behalten und schrieb dies Klopfen einer Sinnestäuschung zu, was sie sich aber durchaus nicht wollte einreden lassen; sie habe sich gar zu bestimmt davon überzeugt. Und so ward die Sache bald wieder vergessen, zumal alles gesund blieb.

Einige Wochen später, als ich von einem Geschäfte, das ich auswärts zu besorgen hatte, nach Hause kam, erzählte mir meine Frau, daß ihr und der zweitältesten Tochter letzte Nacht etwas Sonderbares begegnet wäre. Nachdem sie sich in der Kammer zu Bette gelegt, hätte sie beide nach einiger Zeit ein rasches Klopfen auf dem neben dem Bette stehenden alten Tisch aufgeweckt und beide hätten sich ängstlich gefragt, was da in tiefer Nacht wohl klopfe. Während sie darüber ihre Vermutungen austauschten, begann es wieder zu klopfen, etwa zehn bis fünfzehn rasche Schläge, die anfänglich stark, gegen das Ende immer schwächer wurden. Ihre Verwunderung habe sich bis zur Angst gesteigert, wobei sie noch einmal zu klopfen aufforderten, wenn es etwas zu bedeuten habe, worauf sich dasselbe in gleicher Weise wiederholte. Sie hätten sich jetzt beide sehr gefürchtet, und mit schwerer Angst dem Morgen entgegengeharrt. Sie ihrerseits sei nun doch geneigt, ein „Künden" anzunehmen, worin sie eine nach wenigen Tagen eingetroffene Botschaft vom Tode einer Freundin bestärkte. Ich glaubte die Ursache sicherer in der komplizierten Konstruktion des Tisches, etwa im Losspringen einer Leiste zu finden, indem ich nicht begreifen wollte, wie ein körperloses Wesen klopfen könne.

Eine auffallendere Tatsache begegnete um den Anfang Juni 1861 meinem anderjüngsten, damals neun Jahre alten, robusten und furchtlosen Knaben. Dieser kam eines Abends in das auf dem dritten Wohnboden liegende Küchenstüblein, damals als Holzbehälter benutzt. Da er nach einer Weile zum Nachtessen nicht erschien, wurde er aufgesucht und endlich in dieser Holzkammer aufgefunden, wo er wie leblos über der Beige[4] in tiefster Ohnmacht dalag; es dauerte eine lange Weile, bis er wieder zur Besinnung zurückgebracht werden konnte. Nach einigen Stunden, wie er der Sprache wieder mäch-

---

[4] Über dem aufgeschichteten Holzstapel.

tig geworden, erzählte er uns, die wir nach der Ursache des Unfalles forschten, daß kurz, nachdem er in diese Holzkammer getreten sei, es dreimal an die Türe geklopft habe. Dieses habe er wenig beachtet, da – sei plötzlich die Türe aufgefahren und eine weißliche unförmige Gestalt hereingekommen, worauf ihm Sehen und Hören vergangen sei. Ich erklärte mir den Vorgang als eine Imagination, die infolge des furchterregenden Klopfens, welches irgendeine ganz natürliche Ursache haben könne entstanden wäre, und es wurde darüber, zumal der Knabe bald wiederhergestellt war, ohne weiteres Nachdenken weggegangen.

Ungefähr um die selbe Zeit, vielleicht schon etwas früher, beklagten sich die Knaben, die im Zimmer über der Wohnstube schliefen, sie hörten oftmalen zur Nacht-zeit ein Geräusch, als ob etwas im Saale oder auf der Diele umherginge und an den Boden klopfe, und ich erinnerte mich später, daß sie mich einmal noch am hellen Tage in ihr Schlafzimmer riefen, um selbst zu vernehmen, wie es oben so sonderbar klopfe. Und wirk-lich hörte ich, wie von einem Hunde, der sich kratzend mit dem Beine auf den Boden schlägt, über mir auf den Saalboden poppern, worauf ich hinaufging, die Türe aber geschlossen fand, und nach deren Eröffnung weder im Saale, noch sonst die Ursache entdecken konnte. Ich beschwichtigte indessen die Knaben damit, daß dieses zweifelsohne von einer Katze, Ratte oder einem Vogel in der Dachkammer herrühre. Diese Unruhe ist dann in der Folge noch oft wahrgenommen worden, aber nicht weiter beachtet worden. Überhaupt achtete ich bei der festen Ansicht, daß sich dergleichen Poltereien auf einen ganz natürlichen Grund müßten zurückfahren lassen, derselben so wenig, daß ich erst, als die Vehemenz sich wieder in ein leiseres Klopfen verloren hatte, mich erinnerte, dieses letztere schon lange, vielleicht über zwei Jahre, häufig am Tage auch in meinem Schreibzimmer gehört zu haben.

Noch etwas später gegen den Herbst hin beklagte sich die Dienstmagd, daß sie sich des Abends in der Küche fürchte, da sie gar oft, wenn sie oben an der Stiege die Schuhe putze, unten im Dunkel der Hütte sonderbare, graue Gestalten zu schauen meine, von denen eine sogar in ihre Nähe gekommen und dann verschwunden sei. Eines Morgens behauptete sie, es sei in vergangener Nacht jemand die Stiege heraufgekommen, an ihrem Zimmer (über der Kammer) vorüber gegangen und habe die Stiege nach dem Saale angetreten. Von dort sei ihr Name mehrmals deutlich gerufen worden. Dann sei es dreimal diese Stiege hinaufgegangen und endlich in den Saal getreten, wo sie die längste Zeit ein tiefer- schütterndes Schluchzen gehört habe. Meine Frau, der sie es mitteilte, gebot ihr von solchen imaginären Dingen ja nichts den Kindern zu erwähnen; ich hielt sie für eine abergläubige Person.

Kurz danach, noch im August, befand sich meine jüngste Tochter, damals circa elf Jahre alt, an einem heiteren Vormittage allein im Zimmer über der Stube. Sich eifrig auf das bevorstehende Schulexamen vorbereitend, las sie, an ein offenes Fenster rückwärts angelehnt, in ihrem Schulbuche. Auf einmal über dasselbe wegschauend, sah sie ein freundliches, halb angekleidetes Kind auf sich zukommen. Dasselbe im ersten Momente für ihr jüngstes Brüderchen haltend, habe sie es ganz ohne Furcht betrachtet, worauf es sich aber gleich verändert hätte, und dann plötzlich in ihrer Nähe verschwunden sei. Erst jetzt habe sie Furcht gefaßt und sei dann ängstlich aus dem Zimmer gelaufen. Mir wurde diese Erscheinung erst nach einigen Tagen entdeckt, als ich nach der Ursache forschte, warum sie nicht allein mehr in das obere Zimmer gehen wolle. Mit der Behauptung, daß es bloß Einbildung gewesen, gelang es mir, diese Furcht wieder allmählich zu bannen.

Entschlossen, fürderhin das Hauswesen durch die eigene Familie besorgen zu lassen, wurde im Oktober an die Stelle der entlassenen Dienstmagd nur ein Mädchen von circa dreizehn Jahren angestellt zu den niederen Verrichtungen im Hause.

Von da an bis gegen den Sommer 1862 erinnerten wir uns nicht, irgendetwas Auffallendes bemerkt zu haben. Jetzt aber sagten mir die zwei Knaben, die im Gartenzimmer schliefen, sie hörten gar oft an der Wand ein starkes Kratzen; auch wollte man oben im Hause während der Nacht ein deutliches Umhergehen wie von einem schweren Hunde wahrgenommen, und an Zimmerboden und Wände da und dort klopfen gehört haben. Meiner fortwährenden Beschwichtigung, daß das gewiß etwas ganz natürliches sei, gelang es, die Furcht von den Kindern fernzuhalten bis zum 15. August, dem Festtage Mariä Himmelfahrt.

Ich hatte in Luzern Geschäfte und reiste mit meiner Frau und dem ältesten Sohne Robert, etwa um 7 Uhr morgens, dahin ab. Da am gleichen Tage die eidgenössische Offiziersfahne auf ihre Reise nach Bern die Nidwalden'sche Grenzmarke bei Beckenried berühren sollte, wollte ich als Mitglied des Zentralkomitees vom eidgenössischen Schützenvereine bei der vorbereiteten Begrüßung nicht fehlen, und begab mich deshalb nachmittags per Dampfboot dorthin, während Frau und Sohn auf die letzte Retourfahrt nach Stansstad, wo Robert über Nacht zurückblieb, warteten. Meine Frau kam um circa 8½ Uhr, ich viel später, da schon alles in der Ruhe lag, von Beckenried nach Hause. Am folgenden Morgen wollten mir die Kinder von sonderbaren Erscheinungen erzählen, von denen sie gestern den ganzen Tag über erschreckt und geängstigt worden seien. Ohne sie indessen abzuhören, verwies ich ihnen ihre abergläubische Furcht unter ernstester Hinweisung auf die Rute, sofern wieder ein Wort von solchen Albernheiten über ihre Zunge käme. Mit der halblauten Klage, daß der Vater auch gar nichts glauben wolle, zogen sie sich zögernd zurück. Von da wurde vor mir dergleichen nicht mehr erwähnt, und erst, nachdem ich mich an den folgenden Tagen selbst überzeugen gemußt, nahm ich über die Begegnisse dieses Tages folgendes möglichst genaues verbal auf:

Im Laufe des Vormittags, als sich die Melanie, circa vierzehn Jahre alt, mit dem Dienstmädchen augenblicklich alleine befand, erwähnte sie, die Henrika (ihre jüngere Schwester) wollte schon oftmals beim Abtritte an die Hauswand so sonderbar klopfen gehört haben, worauf beide sich dahin begaben. Henrika, die in der Nähe weilte, kam ebenfalls herbei und bekräftigte diese Behauptung. Die Melanie aber, da sie nichts wahrnahm, wollte nicht daran glauben und ermannte sich in auffallendem Tone zu rufen: „In Gottes Namen, wenn es etwas ist, soll es kommen und klopfen!" und – sogleich fing es an zu klopfen wie mit einem Fingersknöchel. Oskar, dem bald hierauf, in den Hausgang tretend, die Mähre mitgeteilt wurde, war gleich bei der Hand, dieselbe Aufforderung zu wiederholen, worauf es abermals sogleich und mit demselben Klopfen antwortete. Dies Wunder, alsbald dem älteren Bruder Eduard hinterbracht, veranlaßte diesen, rasch herbeieilend, zur selben Aufforderung, und – zum dritten Male gab es auch ihm die gleiche Antwort. Jetzt überkam alle Furcht und sie flohen kopfüber aus dem Hause. Unten auf der steinernen Treppe angekommen, wo sie sich setzten, fuhr plötzlich zwischen Melanie und dem ganz nahe bei ihr stehenden jüngsten Knaben Alfred ein ovaler ungefähr faustgroßer Kieselstein vom Hause oben herunter auf den Boden, ohne daß eine oder andere schmerzlich zu berühren. Nachdem sie sich vom ersten Schrecken erholt und gegenseitig wieder ermutigt hatten, kehrten sie nach einer Weile um das Mittagessen zu rüsten, ins Haus zurück. Hier fanden sie Stuben-, Kammer- und in ihr alle kleinen und großen Schranktüren weit offen. Sie schlossen alles zu und wollten sich in die Küche begeben, wo sie die Wahrnehmung machten, daß auch die Türe meines Schreibzimmers offenstehe. Sie schlossen diese ebenfalls zu und zogen den Schlüssel ab; sie stand aber bald wieder offen. Um sich zu überzeugen, ob dieses vielleicht der Luftzug vermöchte, schlossen sie erst die Fenster und zogen dann die Türe fest ins Schloß, stellten sich hierauf eine Weile bei der Haustüre auf, um zu beobachten, ob und wie sie sich wieder öffnen würde.

Umsonst. Kaum weg, stand die Türe wieder weit offen; sie schlossen sie noch einmal zu. Bald meinten sie, ganz deutlich die dumpfen Tritte eines über die Stiege Herunterkommenden zu vernehmen. Da ging wieder die Kammertüre auf; auch diese schlossen sie und schoben, so gut es gehen wollte, den Nachtriegel vor; dessen ungeachtet öffnete sie sich wieder. Wie oben, so wurden jetzt auch hier alle Fenster und dann sämtliche offenen Türen geschlossen. Da es ihnen mehr und mehr unheimelig ward, verließen sie noch einmal das Haus. Als die Zeit zum Mittagessen mahnte, kehrte das Mädchen zurück in die Küche. Von da in den Hausgang blickend, glaubte sie auf einmal, es hinge jemand von der oberen Ganglehne ein Leintuch vor der Stiege herunter, schmal, als wäre es bloß an einem Zipfel gehalten. Näher betrachtet kam es ihr vor, wie oben abgerundet mit zwei schwarzen länglichen Flecken, und als unten zwei Fußspitzen hervorschauten. Erschrocken rief sie: „Wer ist da draußen?" und – mit einem raschen „Wuh!" war die formlose Gestalt verschwunden, worauf das Mädchen leichenblaß unter entsetzlichem Schrei aus dem Hause stürzte. Indessen kam die älteste Tochter nach Hause, und die Magd ermannte sich nach und nach wieder soweit, daß sie rasch das Essen aus der Küche ins Freie herunterholte. Die Kinder speisten sodann im Garten unter dem Haselnußbaume, einem Exemplar von seltenem Umfange. Als das Mädchen die Geschirre wieder nach der Küche zurückbringen wollte, und unter die Haustüre kam, sah und hörte sie, wie die Türen in mein Zimmer, in das Terrassenzimmer und zur Terrasse wie in das Gartenzimmer sowie dessen Fenster und das des Ganges rasch miteinander aufsprangen. Das Aufspringen der beiden Fenster bemerkten auch die Kinder vom Haselnußbaume aus. Nach flüchtigem Spülen der Geschirre lief das Mädchen wieder aus dem Hause. Nun meistens in der Nähe der Scheuer, wo meine Arbeiter mit dem Emd (Grummet) beschäftigt waren, sich aufhaltend, schlichen die Kinder dann und wann gegen das Haus, um zu vernehmen, was da vorgehen möchte; sie hörten fast immer Geräusch selbst von der vierzig bis fünfzig Schritte entfernten Scheuer aus. Die Magd und Eduard wagten sich einmal bis oben auf die Hausstiege, von wo sie zum Fenster, das wie zwei untere Stubenfenster trotzdem, daß sie von innen verriegelt worden, wieder offenstanden, in die Stube hineinschauen konnten. Hier sahen sie, wie ein Stuhl von selbst von der Stelle rutschte und sich dann im Nu die Beine nach oben herumwarf. Auch die Untenstehenden hörten das Gepolter, und alle sprangen wieder erschrocken davon. Als ein andermal die gleichen wieder vor dem Hause standen, hörten sie mit deutlich vernehmbarer Stimme, aber mit unaussprechlich wehmütigen und tief ächzendem Ausdrucke wie aus eines der geöffnetem Stubenfenster herab-sprechen: „Wenn au gar niemer umen isch!" wo auf dem dem „gar" eine besonders tiefe Dehnung lag. In meinem Zimmer wollten die Kinder, von der Scheuer aus, zum wiederholten Male die Bewegung formloser Gestalten bemerkt haben. Als später Melanie an der westlichen Hausecke und Eduard beim Brunnen, in der Mitte zwischen Haus und Scheuer, standen, behorchten sie eine ganz eigentümliche wie vom Saale her tönende Musik, bei eintöniger Saitenbegleitung wimmerte eine melancholische Stimme ein Lento[5] ganz in der Melodie des Gebetes der Camilla aus Zampa: „Gleiches Los" etc.[6] Endlich kam die Frau meines Mieters, der mit ihr und drei kleinen Kindern den Anbau des Hauses bewohnte, herbei. Diese ersuchten sie nun, mit ihnen in das Haus zu kommen, um vollends wegzuwaschen. Dort vor dem Schüttsteine entdeckten sie auf dem Boden wie auf-gegossen ein schneeweißes Bildchen, das im Umfange eines 20 Cts. Stückes einem Totenköpfchen bis in die kleinsten Teile so ähnlich sah, wie es vom Graveur nicht besser hätte gestochen werden können. Sie hätten es

---

[5] Lento: von ital. „langsam", „locker", ist eine musikalische Vortragsbezeichnung und als Tempovorschrift seit dem frühen 17. Jahrhundert in Gebrauch.

[6] „Zampa, oder die Marmorbraut". Eine Oper aus dem Jahre 1832.

lange und sehr genau betrachtet: die Augenhöhlen wären ziemlich vertieft und von einer Seite etwas bläulich schattiert gewesen, sodaß es sie von der Seite anzugrinsen schien; ebenso scharf seien das Nasenbein und dessen Öffnungen, sowie die zwei Zähne im Kiefer ausgeprägt gewesen. Was es für eine Masse wäre, konnten sie nicht erforschen; sie rochen daran, ohne irgendeinen Geruch wahrzunehmen, während ausgegossenes Unschlitt[7] stark roch und nicht so weiß war. Das Gebild sei dann immer dunkler geworden und habe nach und nach Form und Masse verloren. Da sie fortwährend viele Unruhe in den verschiedenen Zimmern hörten, begaben sie sich wieder ins Freie.

Wie sie da unter einem Baume sich zusammengefunden, humpelte eine steinalte Jungfer auf sie zu, sich erkundigen, ob das das Haus sei, wo die Veronika Gut sel. nach dem Überfalle gewohnt habe. Auf die Bejahung, und indem sie ihr Obst anboten, erzählte sie ihnen, daß die „Vronegg", ihre Urgroßmutter gar wohl gekannt hätte, sie habe auch den vier Schwestern ihres Großvaters, die im Aawasser ertrunken, in der Kapelle St. Joder auf Altzellen „geklenkt" (die Sterbeglocke geläutet). Es sei ihr noch, wie wenn's gestern gewesen wäre, sie und ihr Bruder, dort Sigrist[8], hätten schon am Abend

---

[7] Talg, Rinderfett.

[8] Küster.

vorher ein Unglück vermutet. Da sei es mit Nachtwerden wie ein weißgekleideter Mann mit einem Lichte an die Kapelle herangekommen, und sie hätten geglaubt, es wolle jemand „klenken" lassen. Wie ihr Bruder aber hinübergekommen sei, habe er niemand weder nah noch fern gesehen, und sei darauf schwer krank geworden. Gegen den Morgen habe man ihm die Trauerbotschaft gebracht, worauf sie die Totenglocke lange geläutet habe. Mit Dank und allerlei frommen Wünschen trat sie dann wieder ihren Heimweg an.

Zwischen 4 – 5 Uhr wurde in der „Hütte" Feuer angefacht, um in einem Kessel Wasser zu wärmen; um 7 Uhr feuerte das Mädchen auf dem Kochherde an, um das Nachtessen zu bereiten. Plötzlich ward es licht im Kamin und hinaufschauend erblickte sie eine aus dessen Höhe niederfahrende, zuckerhutförmige Gestalt mit unzähligen blauen Flämmchen, die sich in der Erweiterung des Kaminschoßes zerteilend mit einem bedeutenden Quantum Wasser den Herd übergoß und das Feuer auslöschte, zu einem Teile aber in das einmündende Hüttenkamin fiel im Augenblicke, wo Eduard drunten in der Hütte mit einem Stabe beschäftigt war, über dem Kessel Ruß loszumachen, um mit diesem in der Glut zu spielen. Der Schrei der Magd und dieses Knaben: „Das Kamin brennt!" begegnete sich, als jene und derselbe alsbald auf seinem Rocke und Ärmel wahrnahm, sowie im Kessel und der gelöschten Flamme, daß sich die tausend spitzzulaufenden Flämmchen schon in Wasser aufgelöst hätten. Jetzt war den Hausbewohnern aller Mut entsunken, und meine Frau fand sie weinend vor Angst und Schrecken in der vermieteten Wohnung im Anbau des Hauses.

Später meldete mir ein Verwandter in Deutschland, daß er und seine Familie am gleichen Tage eine ähnliche unerklärbare Erscheinung gehabt hätten. Auf einmal habe es in einem Nebenzimmer zu klopfen begonnen und dieses mehrmals wiederholt und zwar so stark, daß der Hauseigentümer in seine Wohnung kam, um sich nach der Ursache dieser Polterei zu erkundigen. Die genaueste Nachsuchung habe aber auf keine Spur einer Ursache geführt. Eine ähnliche Erscheinung soll dort auch noch in anderen Häusern vorgekommen sein.

Meine Zurechtweisung, welche ich, wie oben erwähnt, am folgenden Morgen gab, half insoweit, daß in meiner Gegenwart hierüber einstweilen nichts mehr verlautete.

Erst am folgenden Dienstage, den 19. August, wie ich abends nach Hause kam, rief mich meine Frau nach dem Hausgange hinunter, um daselbst zu vernehmen, wie sonderbar es an die Wand klopfe. Etwas unwillig zwar, aber alsbald nachsehend hörte ich vom Küchenstüblein her an dessen Rückwand ein mehrmaliges Anklopfen, je zehn bis zwölf Schläge eigentümlicher Art, die sich gegen das Ende sehr rasch folgten, ähnlich, wie wenn jemand mit dem Finger ängstlich an eine Türe klopfend raschen Einlaß begehren würde. Nach kurzen Pausen wiederholte sich dieses mehrmals. Ich suchte und fand, indem ich das Ohr auf die Wand legte, immer genau die Stelle, die übrigens mehrmals änderte. In der Meinung, es müsse doch irgendetwas Lebendes, etwa eine Ratte etc. sein, klopfte ich stark an die Wand, um es zu verscheuchen. Statt zu fliehen aber, gab es mir mehr denn einmal mit demselben Klopfen Antwort, wobei mitunter ein bis zwei stärkere Schläge wie mit einer Faust folgten. Ich ließ mir eine Kerze geben, ging in das Stüblein und durchsuchte dasselbe mit größter Genauigkeit, um irgendwelche Spuren dieses unruhigen Wesens zu entdecken, das während meiner Arbeit das Klopfen in derselben Weise fortsetzte; meine Unter-suchung blieb ohne Resultat. Genauer und länger aufhorchend nahm ich jetzt das Klopfen auch von anderen Stellen des Hausganges wahr. Hartnäckig auf meiner Meinung, es müsse sich die Ursache unfehlbar herausfinden lassen, vertröstete ich meine Familie auf die Hausdurchsuchung, die ich den kommenden Morgen vornehmen würde. - Nach dem Nachtessen holte ich aus meiner Büchersammlung Zschokk's „Familien-Andachts-Buch" und schlug das Kapitel 28: „Gewalt des

Aberglaubens" - auf, um durch diese Vorlesung meine geängstigte Familie zu beschwichtigen. Da begann es alsbald an dem Stubenboden in ähnlicher Weise zu klopfen, was meine Vorlesung, in der ich umsonst nach einer recht entschiedenen Kraftstelle suchte, häufig unterbrach, hie und da folgte ein stärkerer Schlag, wobei meine Kinder die Bemerkung nicht unterdrücken konnten, ob das auch eine Ratte wäre. Endlich klopfte es (zum ersten Male) an die Stubentüre, als ob jemand Eintritt verlangte.

Meine stille Vermutung, daß mir jemand einen Spuk machte, suchte ich durch verschiedene Motive zu unterstützen, und darüber aufgebracht nahm ich eine Kerze, versah mich mit einem scharfen Stilette und begab mich ins Erdgeschoß, wo ich alle diese mir wohlbe- kannten Räume, besonders den unter der Stube liegen- den Keller, sowie alle darin befindlichen Gefäße mit aller Genauigkeit durchsuchte. Während dieser Unter- suchung klopfte es über mir, ohne daß ich eine Ursache bemerken konnte. Diese Untersuchung nahm ich wiederholt vor mit und ohne Licht, mich ganz leise hinschleichend; konnte aber außer dem Laute des Klopfens im Geringsten nichts wahrnehmen. Wie es wieder etwas ruhiger geworden, empfahl ich meinen Kindern das Gebet und schickte sie zur Ruhe. Die ältesten zwei Knaben gingen in ihr Schlafzimmer über der Stube.

Die übrigen Kinder begaben sich sämtlich, da sie sich fürchteten, in die Kammer, wo die Magd sie bewachen sollte. Meine Frau und ich begaben uns in ein oberes Schlafgemach, woselbst kaum angekommen ich auf ein ängstliches Geschrei aus der Kammer wieder hinunter-sprang, wo mir die Kinder klagten, daß es stark an ihre Bettlade gepoltert habe. Mit Ausnahme der beiden ältesten Knaben, die eingeschlafen waren, befand sich nun die sämtliche Familie in der Kammer. Da wieder eine Pause eingetreten, legte ich mich auf den Rand des Bettes. Da begann es an der westlichen Ecke der Kammer zu poppern, kam immer näher und stieß sodann mit starken, dumpfen Schlägen an das Fußbrett meiner Bettstätte, und bald danach auf den in meiner un-mittelbaren Nähe stehenden Stuhl. Ich ließ rasch ein Licht machen, zündete in dem Zimmer unter die Betten, umsonst, und fand beide Türen geschlossen, sowie die Fensterladen. Nachdem wiederum eine längere Pause eingetreten, ließ ich die Kerze noch einmal auslöschen und setzte mich an das Fußbrett der Bettstätte. Nach einiger Zeit wiederholte sich das vorige Poppern an der Wand, und die Stöße an das mit der Linken erfaßte Fußbrett waren so stark, daß dasselbe mit der ganzen Bettstätte heftig erbebte, ohne das ich weiter etwas fühlen konnte, als ein leises Streichen über dem Zeigefinger meiner linken Hand. Dasselbe Poltern wiederholte sich nochmals während die Kerze brannte, ohne daß ich irgendetwas sehen konnte. Endlich, es mochte gegen Mitternacht gehen, ward es ruhiger und ich schlief nach und nach ein.

Am Mittwoch den 20. morgens schon um 6 Uhr fing es wieder an zu poltern, bald da bald dort. Bald schlug es von unten an die Stubendiele zwei bis drei rasche Schläge, wie mittels eines schweren Holzhammers, gewöhnlich folgte dann ein heftiges Anklopfen an die Stubentüre, an die in die Küche gehende Kammertüre, an die Küchenstübleintüre und da und dort oben im Hause nach kurzen Zwischenräumen. Das Anklopfen an die Zimmertüren endete bisweilen mit starken Schlägen. Mit aller Begierde nach Aufschluß ging ich jetzt an die Hausuntersuchung. Geboren in diesem Hause im Jahre 1818, als neugieriges Kind bei allen Reparaturen, und mit Ausnahme meiner Studienjahre stetsfort darin wohnend, war mir buchstäblich genommen kein fingerbreites Plätzchen unbekannt. Trotzdem blieb meine sorgfältige Durchsuchung ohne Resultat und ohne Auffindung irgendwelches verdächtigen Anzeichens. Unterdessen setzte sich die Polterei bald da, bald dort, bald oben, bald unten im Hause in sich steigender Weise fort. Meine Untersuchung beschränkte sich jetzt auf die Erscheinung selbst, die sich besonders an der Stuben- und unteren Kammertüre und am Boden dieser Zimmer nach kurzen Zwischenräumen immer heftiger kundtat. Bald legte ich meine Hand von innen, bald von außen auf die Stelle der Türe, wo die Schläge, mitten auf der oberen Hälfte, von außenher wahrnehmbar waren, ohne an der Hand selbsten etwas, auch nur einen Zug oder Druck der Luft zu verspüren. Faßte auch die halboffene Türe fest, um sie von beiden Seiten zu beobachten; das Klopfen wiederholte sich ohne Gewahrung einer Ursache. Ich stellte mich von außen auf, während meine Leute von innen beobachteten. Lange umsonst. Endlich da es so gewaltige Schläge an die in die Küche gehende Kammertüre warf, daß dieselbe, schwach von Tannenholz, wie sie ist, sichtlich vom Drucke des Schlages sich jedesmal nach innen bog, stellte ich mich, es mochte etwa um 10 Uhr vormittags sein, in der Kammer unmittelbar beim Schlosse auf und schob den Nachtriegel bei ausgehobener Falle leise zurück, sodaß die Türe nur leicht in die Falz gedrückt blieb. Meine Frau stand mit einem Knaben etwa zwei Schritte hinter mir, so, daß sie, wenn die Türe aufging, auf das Küchenfenster als Hintergrund blickte, während ich dann nur die dunkle Küchenwand vor mir hatte. Nach kurzer Weile traf ein so kräftiger Schlag die Türe, daß sie auffliegend zurück an die Wand fuhr. In diesem Augenblicke sah ich mit vollster Gewißheit etwas Dunkles, ohne daß ich dessen Gestalt auf dem ungünstigen Grunde genauer bezeichnen könnte, blitzschnell von der Türe weg auf die Seite des Kamins zucken. Bevor ich jedoch, schnell nachhuschend, ein Wort sprechen konnte, riefen Frau und Knabe, daß sie jetzt ganz deutlich einen dunkelbraunen halben Armknochen von der Türe zurückfahrend gesehen hätten und ihre Behauptungen waren so rasch und gleichzeitig, daß ich nicht zweifeln durfte, daß dieses Bild ihnen vorgeschwebt habe. Die Kraft meines sonst immer bereiten Bibelspruches: „spiritus carnem et ossa non habet"[9] - war gelähmt. Ich ermangelte nicht, eine möglichst genaue Durchsuchung der Kamine anzustellen, fand aber dieselben leer und weder irgendwelche Spur von heruntergefallenem Ruß, noch andere Merkmale. Ich ließ endlich meine älteste Schwester rufen, um zu erfahren, ob vielleicht früher, was meines Wissens nicht wäre, Ähnliches im Hause vorgekommen? Mit Schrecken die Phänomene wahrnehmend, erklärte sie mir, daß sie gar nie von dergleichen etwas gehört hätte. Das Dienstmädchen, das indessen seine Verrichtungen in der Küche hatte, floh zum öfternmale in die Stube. Einmal behauptete sie, sie hätte soeben ganz deutlich gehört, jemanden über die Stiege herunterkommen und dreimal nacheinander tief und ächzend rufen: „Erbarmet euch meiner!" Wie sie

---

[9] Lukas Kap. 24, V. 39. „...denn ein Geist hat nicht Fleisch und Bein..."

aber nachgeschaut, habe sie niemand sehen können. Bald darauf behauptete sie wieder, ein durchsichtiges graues Wölklein gesehen zu haben, wie es durch das teilweise offene Küchenfenster hereingeschwebt und in leichten Schwingungen gegen die Kammertüre gefahren sei, wo es dann stark geklopft habe. Indessen war auch die Frau unseres Mieters herbeigekommen. In diesem Kreise, während ich meine Untersuchung fortsetzte, wobei es nach kurzen Pausen immer stärker bald an den Zimmerboden herauf, bald an die Türen pochte, wurde man immer ängstlicher und bat mich, da Hr. Kommissarius Niederberger eben abwesend war, den Hrn. Vater Guardian[10] hievon in Kenntnis setzen zu dürfen. Ich ließ das umso eher geschehen, da ich den bejahrten Pater als einen Mann sowohl von seltener wissenschaftlicher Bildung, als von reichen Erfahrungen und nichts weniger als mystischen Schwärmer kannte.

Nachmittags hatte der Pater die Güte, der Einladung zu folgen. Ich erzählte ihm den ganzen Hergang, worauf er bemerkte, daß ihm während seinem Leben nie dergleichen vorgekommen sei. Er nahm bei längerem Verweilen die Phänomene mit aller Aufmerksamkeit nun auch selbst wahr, ohne dieses Problem irgendwie lösen zu können. Es wäre sehr zu wünschen, meinte er, daß diese Sache durch sachkundige Männer genau unter-

---

[10] Vorsteher eines Franziskaner- oder Kapuzinerklosters.

sucht und experimentiert würde, wofür er eben nicht Fachmann sei. Damit aber dieser Lärm nicht ins Publikum dringe, sei dies nur äußerst behutsam vorzunehmen und der Familie alle Schweigsamkeit zu empfehlen. Nach dem üblichen Haussegen verließ er das Haus. Gegen Abend stellte sich die Polterei wieder heftiger ein und hörte erst gegen 10 Uhr auf.

Was ich, nebst meinem bestaubten Collegienhefte von Professor Sieber in München über Experimentalphysik in meiner Bibliothek noch vorfinden konnte, wurde nachgeschlagen, ohne einen passenden Schlüssel zu diesem Rätsel zu finden. Indessen hoffte ich immer noch auf einen stillen Verlauf dieser Phänomene.

Am Donnerstag den 21. August trat das Poltern früh Morgens in höherem Grade auf und wiederholte sich des Vormittags in kurzen Pausen. Die Lage wurde immer peinlicher, eine Beruhigung in die ängstlichen Gemüter zu bringen, war mir nicht mehr möglich, und wenn jetzt über jedem neuen heftigeren Schlage die ganze Familie zitternd in vermehrte Angst geriet, mußte ich bei längerem Verweilen mit Grund die übelsten Folgen befürchten. Auf der nahen Landstraße bemerkte ich, wie sich die Leute zusammenstellten und sich gegenseitig auf den Lärm in meinem Hause aufmerksam machten. Während der Anwesenheit eines Mannes, der mich zu einer Markerneuerung auf den folgenden Tag einzuladen kam, bemerkte ich, wie sich dessen Hund bei jedesmaligem Klopfen scheu hinter seinen Herrn verkroch, der es für ein Spiel mutwilliger Knaben nahm.

Es war heute Gerichtstag und da ich mehrere Geschäfte hatte, konnte ich nicht zurückbleiben. Eh' ich indessen fertig war, kam eines meiner Kinder, mich eiligst nach Hause zu rufen, indem es so fürchterlich rumore, daß sie alle geflohen seien. Ich vollendete schnell und eilte nach Hause. Ich wollte nachsehen und danach im Stillen dem Hrn. Landammann[11] Kaiser Anzeige machen, der aber leider gerade seine Reise nach England angetreten hatte. Zuhause angekommen, fand ich meine sämtlichen Hausgenossen im Freien. Ohne Furcht, von der ich in meinem Leben wenig geplagt war, trat ich ins Haus, wo sich das Poltern nach Pausen von drei bis fünf Minuten mit größter Gewalt wiederholte. Die Schläge an den Fußboden der Stube waren so heftig, wie von mit aller Kraft starker Arme geschwungenen Holzschlägeln, so daß der Tisch vom Boden aufsprang und die darauf liegenden Gegenstände abzuwerfen drohte. Der Schlag war ganz lokal und eine allgemeine Erschütterung im Hause nicht wahrzunehmen. Die Stubentüre, massiv von Nussbaumholz, riß es trotz der ziemlich schweren, tief eingesenkten Falle mittels gewaltigem Rütteln am Schlosse auf, öffnete sie fast zur Hälfte, und schlug sie

---

[11] Der Vorsitzende der Kantonsregierung.

wieder mit größter Vehemenz zu. Mit gleicher Gewalt schlug es von der Küche her an die Kammertüre, so daß ich jeden Augenblick befürchtete, diese Türen würden zersplittert in die Zimmer fahren; die Wände der Stube ließ es unberührt. In der Nachbarschaft erregte dieser Tumult immer mehr Aufmerksamkeit. Ich untersuchte nochmal mit aller möglichen Fassung die Sache, prüfte den Druck durch Auflegen der Hand auf beiden Seiten der Türe und fühlte auch jetzt nicht den leisesten Luftdruck, während die Kraft der Schläge gleichwie von stärkster Manneskraft die geschlossene Türe zwei bis drei Zoll oben aus der Falz nach innen schnellte. Wie ich einmal nach der Küche kam, bemerkte ich, daß es an die auf dem Tische stehenden Bouteillen[12], Gläser und Gefäße wie mit einem metallenen Instrumente anklopfte. Die Schläge an den verschiedenen Punkten des Hauses folgten sich so rasch, daß es, wollte man den Spuk von Menschen annehmen, wenigstens vier bis fünf Personen bedurft hätte. Von der Besorgnis ergriffen, es möchte bei der gänzlichen Unbekanntheit der Ursache die unbemeßbare Wirkung zur teilweisen, wo nicht gänzlichen Zerstörung des Hauses anwachsen, sandte ich nach meinem alten Hausfreunde Altratsherrn R. Zimmermann, der alsbald erschien und das Gepolter nicht ohne Schrecken wahrnahm. Wir kamen überein, den Hrn. Dr.

---

[12] Flaschen.

K. v. Deschwanden als naturwissenschaftlich gebildeten Mann herbeizurufen. Dieser kam in Begleit der Herren Gerichtspräsident Odermatt und Richter Schallberger – während auch Baumeister Aloys Amstad und Zeichnenlehrer Odermatt eintrafen – und alle überzeugten sich von dem sonderbaren Gepolter, das mit einbrechender Nacht etwas nachgelassen hatte. Man untersuchte und forschte nach einer physischen Ursache, und erging sich in einer Menge von Hypothesen über Vulkanismus, Magnetismus, Galvanismus, Elektrizität, etc. Man glaubte u. a. aus der Asphaltdecke der Terrasse eine elektrische Kraft herleiten zu können, aber bei näherer Reflexion fehlten alle Anhaltspunkte zur Erklärung der Entstehung und Beschaffenheit der Erscheinung. Gegen 12 Uhr trennte sich die Gesellschaft ratlos. Indessen war immer größere Ruhe eingetreten und die übrige Nacht verlief ohne Störung.

Am Freitag den 22. begann die Polterei wieder frühmorgens. Ich mußte mich um 7 Uhr zu einem Markuntergange[13] entfernen, und hoffte bald wiederzukehren. Während meiner Abwesenheit stellten sich die Herren Gerichtspräsident Odermatt und andere Besucher von gestern abends ein, um die Erscheinungen beim Tage wahrzunehmen; die Schläge erfolgten rasch, und wo möglich, noch ungestümer als gestern. Man

---

[13] Grenzbegehung.

stellte Versuche an, namentlich auch über die Luft im Sode des Milchkellers, es stellte sich aber nichts heraus. Ein Klient, K. S., der beharrlich auf meine Rückkunft warten wollte, hatte sich in der Stube neben die Türe gesetzt; als es plötzlich so gewaltig an Boden und Türe schlug, fuhr er mit großem Schrecken auf. Er hatte früher einmal Gelegenheit, die Wirkung einer Elektrisiermaschine[14] zu erfahren, weshalb sein erstes war, sich zu erkundigen, ob eine solche im Hause vorhanden wäre. Mein ältester Sohn, der in diesem Momente anwesend und dem wie allen anderen befohlen war, die Sache möglichst geheim zu halten, ließ S. bei dieser willkommenen Meinung, womit er sich entfernte, auch anderen sein Begegnis mitteilend. So fand sich nach kurzem ein zweiter, A. I., aus der Nachbarschaft ein, um dieselben Wirkungen auch zu erfahren, welchem aber die Sache nicht mehr vertuscht werden konnte, da das Gepolter immer rasender wurde. In Gegenwart desselben und der Frau unseres Mieters war es auch, als es von der Küche her an die Kammertüre so gewaltig pochte, daß der Eisenkloben zum zweiten Male aus dem Pfosten gesprengt und an die gegenüberliegende Wand geschleudert wurde. Als dies geschah, sah meine zweitälteste Tochter, welche aus der Stube nach dieser Türe schaute, von derselben eine schneeweiße oben und

---

[14] Elektrostatischer Generator.

unten sich oval abrundende Gestalt in ganzer Türhöhe zurückfahren, welche Erscheinung die Frau L., als sich nach wenigen Minuten unter heftigem Poltern die Stubentüre öffnete, daselbst ebenfalls erblickt haben will. Indessen kamen nach und nach mehrere Personen, unter denen auch Herr Altlandeshauptmann Frz. Zelger, aus der Nachbarschaft herbei. Es ward neuerdings untersucht, das Gepolter wahrgenommen und bemerkt, wie die Türen mit Rapidität auf- und zugerissen wurden. Auf der Höhe des Vorsprunges am Bürgen, wo ich die Marken meines Waldes zu untergehen hatte, hörte ich deutlich die Schläge. Rasch nach Hause kehrend, traf ich diese Personen teilweise noch an und begab mich nun unverzüglich zur Tit. Polizeidirektion, um ihr davon Anzeige zu machen. Herr Polizeidirektor Jann kam nun selbst, und überzeugte sich persönlich mit aller Umsicht von diesem Vorgange. Nach einiger Zeit traf auch Herr Dr. Christen ein, und fand bald Gelegenheit, dieses Gepolter wahrzunehmen. Um diese Zeit sah mein zweitältester Knabe, als er zur Haustüre hereinkam, in der Küche ein weißes Gebild, einem winkenden Händchen ähnlich, worauf er bewußtlos niederfiel, nach kurzem wieder aufsprang und blaß in die Stube stürzend erzählte, was er soeben erblickt hätte. Diesen Nachmittag waren der Herr Bischöfliche Kommissarius Niederberger und zum zweiten Male Herr Pater Guardian Augen- und

Ohrenzeugen dieser Phänomene. Ersterer untersuchte, selbst in die unteren Gemächer des Hauses sich verfügend, und beobachtete mit großer Aufmerksamkeit bis abends circa 7 Uhr. Man ließ von unten im Keller an die Diele klopfen, um einen Vergleich anzustellen, welcher ergab, daß da, wo man dieselbe Kraft entwickelte, das Haus erbebte und die Fenster klirrten, was bei dem Poltern außer der Stelle wo es traf und deren nächster Umgebung, nicht der Fall war; nebst dem waren der Ton sowohl, wie die Art und Weise der Schläge anders. Obwohl teilweise immer noch heftig, hatte auf den Nachmittag die Gewalt etwas nachgelassen, und trat das Poltern nach längeren Pausen ein. Herr Kommissarius Niederberger, dem eine gründliche Wissenschaftlichkeit wie scharfe Beobachtungsgabe nicht abgesprochen werden kann, schied abends mit der bestimmt ausgesprochenen Überzeugung, daß diese sonderbare Sache weder eine bloße Einbildung, noch auch der Spuk von Menschenhand sei, auch die gründlichste physikalische Nachforschung, wozu er aber jedenfalls sehr angelegentlich rate, werde schwerlich, meinte er, zu einem befriedigenden Resultate führen.

Indessen hatte die Fama ihre Runde begonnen, und mit dem erdrückenden Gefühle. Die schweren Folgen wohl voraussehend, wie der Besitzer eines Heimwesens den angeschwollenen Gewitterstrom die Dämme durchbrechen, und gerade auf seinen Besitz losstürzen sieht, sah ich des Abends die Masse des Volkes daherströmen. Während die Stube und der Hausgang voll von Neugierigen waren, tat es unter anderen einen, dasmal nur einzigen, aber schweren Schlag an die Stubentüre, ähnlich als ob man jemand mit voller Kraft an sie werfen würde. Man hörte spärlicheres, aber noch ziemlich heftiges Klopfen an die Küchenstübleintüre; gegen halb neun ward es ruhiger; Herr Polizeidirektor Jann ließ durch zwei Angestellte das Haus bewachen. Ich hatte mich in meiner Besorgnis nicht getäuscht. Es finden sich bei uns, wie überall in der Welt, Leute mit zuviel, andere mit zuwenig, und solche mit gar keinem Glauben, was zunächst als eine Frucht des fremden Kriegsdienstes nicht auffallen darf. So hörte der eine und ging mit Schrecken davon, ein anderer forderte den Teufel heraus, einem dritten spukte die Elektrisiermaschine im Kopfe; wobei der Umstand, daß mein Sohn den Klienten S. heute morgen darüber im Glauben gelassen hatte, dieser Ansicht wohl zustatten kam. Da die Begriffe von Elektrisiermaschine und Zauberkunst sich noch nicht in aller Köpfe ausgeklärt haben, griff man in dieser Mischung auch zur letzteren als Erklärung und fand hiefür einen mächtigen Hebel in folgendem Umstande. Es hatte nämlich um diese Zeit Herr Schauspieldirektor Schneider die Erlaubnis erhalten, mit seiner Gruppe in

Stans einige Vorstellungen zu geben. Da solche Leute noch von einem großen Teile des Volkes als Tausendkünstler, Zigeuner oder Zauberer betrachtet werden, wurden sie nun bald mit der Affäre in Verbindung gebracht, und da man meinen Sohn bei einem derselben, namens Stöbe aus Baden, einige Male wollte gesehen haben, lag es auf der Hand: Der Knabe hat es dem Zigeuner abgelernt, und treibt nun seine Zauberei zum Schrecken der Menschen und zu seiner Belustigung. Ich erwähne dieses einfältigen Gerüchtes hier besonders, da dasselbe später in irgendeinem Lokalblatte Eingang gefunden, und dann wie ein Irrlicht durch die Zeitungen landauf landab gelaufen, und mit allerlei Randzeichnungen dem Publikum als Schlüssel zu dem Spuke dargeboten worden ist.

Am Samstag den 23. August hatte die Heftigkeit des Gepolters deutlich nachgelassen. Es wurden verschiedene Apparate angewandt, um elektrische, magnetische oder vulkanische Ursachen zu entdecken. Umsonst. Herr Gerichtspräsident Odermatt hatte die Gefälligkeit, sich selbst nach Luzern zu begeben, um mit Herrn Professor Ineichen Rücksprache zu nehmen, der aber leider verreist war. Andere Ansuchen wurden zurückgewiesen. Das Zudrängen der Leute wurde immer größer und beschwerlicher. Die ziemlich spärlichen Erscheinungen des heutigen Tages waren folgende:

Um 9 Uhr vormittags riß es mit zuckender Hast die Stubentüre, die in der Falle ruhte, auf und wieder zu, und tat bald darauf starke Schläge von innen an die Küchenstübleintüre, daß es die Falle weit in die Küche hinwarf. Einige Minuten hierauf geschah ein schwacher Schlag an den Stubenboden, um 3 Uhr 30 Minuten zwei Schläge, von denen der zweite schwächer, an die Stubentüre; desgleichen um 6 Uhr 10 Minuten. Um 8 Uhr 45 Minuten riß es in Anwesenheit einer größeren Gesellschaft die in der Falle ruhende Stubentüre mit größter Vehemenz auf und zu; heftige Schläge folgten an die Küchenstübleintüre. Hierauf ward es ruhiger. Etwas nach 12 Uhr begab ich mich in die Kammer zur Ruhe; in der Stube befanden sich drei Wächter. Ich hatte mich auf den Rand des Bettes gelegt, erwachte nach einiger Zeit und schaute, den Kopf auf der rechten Hand, in das gegenüberliegende, geschlossene Fenster, dessen einer Flügel von innen mit einem Vorhange, der andere von außen mit einem Jalousieflügel, jedoch mit offen-stehenden Brettchen gedeckt war, durch die ich den weißgrauen Wolkenhimmel deutlich schaute. Alles war ruhig. Ich bemerkte deutlich das Schnarchen der schlafenden Wächter in der Stube, wachte hell und war gar nicht aufgeregt. Da fühlte ich ein sanftes Aufkräuseln der Haare an meiner linken Schläfe wie über einen spielenden Finger. In der Meinung, man wolle mich

wecken, griff ich mit meiner linken Hand nach dieser
Stelle, und erfaßte ein weiches, warmes Händchen und
fühlte genau Daumen und Finger, worauf es sich ganz
sanft aus meiner Hand zog und zwar gegen das Fenster
zu, wo ich in scharfen Konturen ein dunkles Bild vor den
obbemeldeten Jalousieöffnungen langsam hin und her
sich bewegen sah. In der Meinung, daß es jemand von
meiner Familie sei, rief ich der auf dem Kanapee[15]
liegenden Magd, worauf mich meine Frau ängstlich
fragte, ob ich auch etwas an meinem Kopfe gefühlt habe,
was ich ihr, um sie nicht zu ängstigen, ausweichend
beantwortete. Das Mädchen, welches erst nach wieder-
holtem Rufen aus ihrem Schlafe geweckt werden konnte,
schickte sich an, ein Licht zu machen, um auf meinen
Befehl nach der Uhr zu sehen. Sie fand in der Stube die
drei Wächter in tiefstem Schlafe und weckte sie; es war
2¾ Uhr und alles in stillester Ruhe. Sie begab sich wieder
in unser Schlafzimmer, löschte das Licht, und schrie im
Momente, als sie sich wiederum auf das Kanapee
niederlassen wollte, jammernd auf, es sei ihr im Augenblicke etwas über die Stirne gestrichen, bewege den
Vorhang und poppere leise an die Wand, worauf sie in
die Stube floh, daselbst Licht machte und den Rest der
Nacht zubrachte. Meine Frau erzählte mir jetzt, daß sie
vorhin am Kopfe sanft berührt, ein mildes Kinder-

---

[15] Sofa.

händchen wahrgenommen, daß sich ihr rasch aus der Hand gezogen habe; sie habe sich alsbald vergewissert, daß es nicht die Hand des an ihrer Seite schlafenden Kindes gewesen. Am Morgen erzählte ich sodann, was mir begegnet.

Am Sonntag den 24. August war es ruhig bis gegen 11 Uhr, wo es in Anwesenheit mehrerer Nachbarn an Boden und Türen einige sehr heftige Schläge tat, die sich um 1 Uhr wiederholten, worauf es stille ward bis abends 5 Uhr 5 Minuten, wo es noch zweimal an die Stubendiele klopfte und dann ruhig blieb. Die wenigen Erscheinungen dieses Tages wurden von sehr vielen Anwesenden wahrgenommen. Auf den Abend drängte sich das Volk in großen Scharen herbei in der Meinung, es müssen sich dergleichen Erscheinungen hauptsächlich bei der Nacht zeigen. Mancher, der stundenlang umsonst wartete, ging kopfschüttelnd davon: es sei das Ganze ein blinder Lärm, er habe nichts gehört. Einige starke Geister, die in später Nacht dem Hause mit schweren Keulen nahten, und umsonst sich in ihrem Exorzismus versuchten, wurden darüber gar unwillig. Unter solchen Verhältnissen war die Hausordnung vollständig aufgelöst und die meisten meiner Kinder hatte ich bereits entfernen müssen. Nur eine verstärkte Polizeiwache vermochte das Gedränge des Volkes zurückzuhalten.

Am Montag den 25. August traten die Phänomene, zwar auch diesmal erst um Mittag, aber wieder etwas heftiger auf. Um 11 Uhr 30 Minuten nahm man an der Küchenstübleinwand das Poppern wahr, wie es sich anfänglich gezeigt hatte, worauf es drei bis vier starke dumpfe Schläge an die offene Stubentüre tat, und dann selbe mit Gewalt schloß. Um 1 Uhr 5 Minuten schlug es dreimal von unten an die Stubendiele; etwas vierzig Minuten später zog es die Küchentüre vom Hausgange her, wo sie fast immer offengestanden, und bisher in Ruhe gelassen worden, trotz ihres Widerstandes, mit reißender Schnelligkeit zu. Dasselbe wiederholte sich wenige Minuten später. Um 3½ Uhr trafen zwei ziemlich starke Schläge von unten an den Fußboden der Stube und nach wenigen Minuten ein vier- bis fünfmaliges hartes Anpochen an die Stubentüre, dem alsbald das vorige heftige Zuschlagen der Küchentüre folgte. Ein junger Arzt von Luzern, der das anhörte, klagte dabei über starke Hautaffektion; mir schien es eine Wirkung des Schreckens. Um 5 Uhr 45 Minuten trafen noch zwei Schläge an die Stubendiele und ein nach kurzer Pause wiederholtes Zuschlagen der Küchentüre schloß etwa 8½ Uhr die Auftritte des heutigen Tages.

Ich machte meine Notizen in Anwesenheit der Polizeiwache und während selbe genau beobachtete. Die Angelegenheit wurde durch das Tit. Polizeiamt dem heutigen w. w. Wochen-(Regierungs-) Rate hinterbracht mit der Erklärung:

„Daß ihr von Seite der Polizei alle Aufmerksamkeit gezollt und Untersuche veranstaltet worden, daß aber von Seite der hohen Regierung notwendig eingeschritten werden sollte, um zu erfahren, ob dieses Klopfen einer natürlichen Wirkung zuzuschreiben sei, oder nicht."

Die Behörde ernannte eine Dreierkommission, „welche mit aller Entschiedenheit, Vollmacht und dem nötigen Kredite versehen, Untersuche anordnen und die nötigen Verfügungen treffen soll, sofern sich das Klopfen fortsetzen sollte." In diese Kommission wurden gewählt: Herren Landesstatthalter W. Zelger, Landammann L. Würsch und Polizeidirektor Jann. Man hätte nun erwarten sollen, da der Beschluß schon früh am Tage gefaßt war, es würde von der anbefohlenen Entschiedenheit unverzüglich Gebraucht gemacht, zumal die Phänomene fortwährend einberichtet wurden; allein der Tag verstrich, ohne daß irgendwelche Anstalten zu einer Untersuchung wären getroffen worden.

Am Dienstag den 26. August begann das Poltern schon morgens 7 Uhr 29 Minuten mit zwei Schlägen an die Diele, und nach dem Zwischenraume von neun Minuten an die Türe der Stube. Der Ton war ein viel härterer, als früher, und man nahm denselben nicht mehr oben, sondern ganz unten an der Türe wahr. Nach zwölf Minuten warf es mit Ungestüm die Küchentüre zu. Von da trat eine Pause ein bis 10 Uhr 7 Minuten, wo es wieder mit zwei kräftigen Schlägen an den Fußboden der Stube, um 11 Uhr 25 Minuten vier bis fünfmal rasch und so stark, wie seit langem nicht mehr, an die wenig offenstehende Küchentüre pochte, dieselbe ungestüm auf und ebenso rasch in die Falle wieder zuriß, was sogleich auch mit der Küchentüre geschah; alles ein Werk von zwei bis drei Sekunden. 12 Uhr 13 Minuten pochte es wieder dreimal an die Stubentüre. Nun ruhig bis abends um 8 Uhr, wo sich zwei harte Schläge an die gleiche Türe wiederholten, und solche gleich darauf auch an dem Fußboden der Küche wahrgenommen wurden. Das Zuschlagen der Küchentüre, das etwa nach zwanzig Minuten erfolgte, war die letzte Unruhe, die man heute im Hause wahrgenommen.

Da auf stets ungesäumte Mitteilung des Vorganges an Herrn Zelger, Präsidenten der Untersuchungskommission, von dieser auch heute keinerlei Schritte getan worden, konnte mein ohnehin schwaches Vertrauen auf eine im Interesse der Wissenschaft liegende Untersuchung von Seite dieser Kommission, mit Ausnahme des Tit. Polizeidirektors, der sich mehrmals persönlich davon überzeugt, und sich daher dieser Sache, leider umsonst, sehr warm angenommen hatte, nicht gewinnen. Ich selbst war mitten in diese Kalamität, viel gestört von dem fortwährendem Gedränge der Neugierigen, mit unaufschiebbaren Berufsgeschäften überladen.

Mittwoch den 27. August. Heute trat das Poltern um halb 10 Uhr in ähnlicher Weise von gestern auf, nämlich um 9 Uhr 20 Minuten. Zwei Schläge an den Boden der Stube, 9 Uhr 27 Minuten an der Türe; 9 Uhr 28 Minuten Zuwerfen der Küchen- und 9 Uhr 35 Minuten der Stubentüre: auch diesmal in Anwesenheit vieler Personen. Um 11 Uhr 35 Minuten pochte es wieder viermal an die offenstehende Stubentüre, die es nach dem vierten Schlage heftig ins Schloß warf. Um 12 Uhr 30 Minuten nahm man ein schwaches Poppern an der Diele meines Schreibzimmers wahr; fünf Minuten später riß es die Küchentüre zu, worauf es ruhig blieb bis 2 Uhr 50 Minuten. Da erfolgte ein zweimaliges hartes Anschlagen an die Stubentüre, gleich danach ein leises Poppern an die Küchentüre, worauf es dieselbe so heftig in die Falle warf, daß man befürchten sollte, es müßten die Angeln springen. Von da an war es stille. Noch hatte die Regierungskommission keinerlei Untersuchung angehoben; erst am Abend spät, nachdem man keine Unruhe mehr verspürt hatte, schien es derselben geeignet, ihr Vorkehrungen zu beginnen. Nach kurzem Verhöre wurde ich beauftragt, einen schriftlichen Rapport über den Hergang abzufassen, was ich ohne Weiteres übernahm, und hierauf, es mochte etwa 8 Uhr sein, ward mir befohlen, mit meiner noch anwesenden Familie unverzüglich das Haus zu verlassen. Ich hatte das zum Teil noch unverarbeitete Akten-Material von vier Prozessen, die unverschiebbar am folgenden Tage vor dem Geschworenen-(Ober- oder Kantons-) Gerichte verhandelt werden mußten, vor mir liegen. Wie ungelegen auch mir die augenblickliche Entfernung von meinem Büro und meiner Büchersammlung kam, unterzog ich mich ohne Weigerung ihrem Befehle, mit der Überzeugung zwar, daß, was mir zu finden nicht gelungen, diesen Herren noch viel weniger gelingen würde. Die bisherige Polizeiwache wurde nun abgelöst und eine andere an ihre Stelle gesetzt, mit der man, wie ich nicht zweifle, im Laufe der folgenden Tage das Haus in allen seinen Teilen genau wird untersucht haben, ohne aber etwas, was Verdacht erregen, oder auf die Spur dieser außerordentlichen Erscheinung hätte führen können, wahrzunehmen.

Die Angelegenheit war nun in ein Stadium getreten, wo sie nicht mehr bloß das Tagesgespräch des kleinen Kantons bleiben, sondern allenthalben über dessen enge Marken hinausdringen und auf das Feld der Publizität gezogen werden mußte. Wer kennt nicht den Hader der tausendzüngigen Fama über ein irgendein natürliches Ereignis, das sich vor den Augen von tausenden von Menschen abspinnt, - um wie viel wirrer muß der

Wirrwarr der Meinungen da sein, wo eine mystische Erscheinung nach der Individualität jedes einzelnen ihre Erklärung sucht und bereitwilligst findet, wo sich Aberglaube und Unglaube, Übertreibung und Verkennung, Hypothesen und Hypothesen gegenseitig reiben. Wer das Unglück hat, von einem solchen Ereignisse berührt zu werden, der wird als schonungslose Beute diesem rasenden Ungetüme hingeworfen, und ihn schützt weder Familienglück, noch Ansehen und unbefleckter Name vor dem fletschenden Zahne der wilden Bestie. Man füge noch zu die Verhältnisse langjährigen politischen Kampfes, und manche tiefgefressene Leidenschaft, die jetzt wie das Ungeziefer nach einem warmen Frühlingsregen ihren Kopf hervorstreckte, um meine Lage zu bemessen. Ich mußte das alles, und wie rasch das böse Wort Wurzeln schlägt, im vollsten Maße fühlen, wie im engeren Kreise, so im weiteren. Wer aus diesem Halbkantone hätte mir mehr Recht, zumal von der liberalen Schweizer Presse erwarten dürfen, als ich, man würde wenigstens von der Quelle eine Erklärung abwarten, ehe man auf das Unsinnigste der Gerüchte, das unter der blöden Maske der Freisinnigkeit mit dem bittersten persönlichen Hasse und der schmutzigsten Verdächtigung meiner Person bewarf, so gierig den Stein aufhob, um ihn nach demjenigen zu schleudern, der zur Verwirklichung zeitgemäß freisinniger Zustände seit zwanzig Jahren mit großer Aufopferung und unter den schwierigsten Verhältnissen treu mitgeholfen hatte. Es wäre das umso leichter gewesen, als man sich nicht an den Beteiligten selbst, sondern an die intelligentesten Ehrenmänner, darunter vom besten liberalen Klange, die Stans besitzt, und auf die ich mich öffentlich berief, hätte halten können. Mit Ausnahme des loyalen „Bund" aber wurde mir hier das Bitterste zuteil, und griff man, was selbst meine bittersten Gegner in heißen politischen Kämpfen nie taten, sogar nach meiner Ehre. Alles das auf bloße leichtsinnige Gerüchte hin, und warum? Weil eine unerklärbare Erscheinung in meinem Hause so laut rumorte, daß ich sie nicht mehr im Geheimen zu halten vermocht hatte, und sich dieselbe vor hunderten von Menschen kundtat. Das war mein Verbrechen. Indessen würde ich Unrecht tun, nicht zu erwähnen der warmen Teilnahme, die mir jetzt achtungswerte Männer der einen, wie der anderen politischen Partei schenken. Im Unglücke lernt man die Menschen kennen. Mancher, dem ich jahrelang als politischer Gegner gegenübergestanden, trat als Menschenfreund zu mir und erhob selbst gegen seine Gesinnungsgenossen für meine Ehre sein Wort. Aber auch manch einer, der mir heißblütig in glücklichen Weihrauch gestreut, wandte den Stachel gegen mich. Und, wie kindisch! Mehr denn ein starker

Charakter verleugnete, weil er ein bißchen Spott seiner Leichtgläubigkeit wegen fürchtete, das, wovon er sich mit Schrecken selbst überzeugt hatte.

Indessen hieß es, das Gepolter habe sich nicht mehr hören lassen, und am Montage wurde auf eine diesfalls von der Kommission erstattete Relation vom w. Wochenrate beschlossen: es sei die Untersuchung dermalen geschlossen und ad acta zu legen, die aufgestellte Kommission aber habe einstweilen noch fortzubestehen und sei das Haus unter polizeiliche Aufsicht gestellt. Mir wurde dasselbe gleichen Nachmittags wieder zurückgegeben, auch fand man von Seite der h. Regierung es angemessen, mir meine in Folge der Räumung des Hauses verursachten Kosten zu vergüten. Meine Befürchtung, daß die Untersuchung nicht sehr tiefgehend wäre, hatte sich, wie auch die Folge noch zeigen wird, vollständig bewährt. Weil die Poltererscheinungen so gefällig waren, zwar nicht erst, wie man nach dem Wortlaute des amtlichen Berichtes annehmen möchte, vom Zeitpunkte an, wo eine durch die Kommission aufgestellte Überwachung eingetreten war, sondern schon seit Mittwoch nachmittags 2 Uhr 50 Minuten nicht mehr eingetreten: So schien die Sache schon zum ad acta-Korbe bereit. Man hätte wenigstens glauben sollen, es würde, wenn es wirklich um die mögliche Erforschung dieses Problemes aufrichtiger

Ernst gewesen, zum Mindesten das Faktum, und die Art und Weise, wie es aufgetreten, durch ein Verhör derjenigen konstatiert worden seien, die sich persönlich davon überzeugt hatten und deren Stellung und Intelligenz für ein zuverlässiges Zeugnis gebürgt hätten, – und es würde dasselbe der Ansicht irgendeines Fachmannes unterbreitet; oder es würde die Untersuchung, während die Familie das Haus wieder bewohnte, fortgesetzt werden, zumal sich dieselben Erscheinungen in der Folge wieder zeigten. Von allem dem geschah aber nichts; und ich hatte in meinem Berichte der h. Regierung umsonst die Anerbietung gemacht, mich deshalb jeder ihr nötig scheinenden Verfügung willig zu unterziehen, sowie das Haus jeder wissenschaftlichen Autorität zur Erforschung zu überlassen. Man sollte meinen, die Sache wäre so, wie sie jetzt lag, der Mehrheit der Kommission auf den aller-gelegensten Punkt gerückt.

Wieder im Besitze des Hauses sammelte ich meine zerstreute Familie in der Hoffnung, die schreckenden Phänomene hätten nun ihren Verlauf genommen. Da wir erst mit einfallender Nacht an das leerstehende Haus kamen, wagten es nur drei meiner Kinder, mit mir dasselbe für die Nacht zu bewohnen. Es war das erste Mal, daß ich Angst fühlte, daher sehr wenig schlief, die Nacht war ruhig. Am folgenden Tag wollten zwei meiner

Kinder wieder deutlich an die Stiege, welche in den zweiten Wohnboden führt, das Anpoppern gehört haben; ich suchte sie diesfalls zu beschwichtigen, was mir umso mehr gelang, als auch der folgende Tag ruhig vorüberging.

Am Donnerstag den 4. September erzählte mir meine Familie nachmittags bei meiner Rückkunft von Beckenried, wohin mich Geschäfte gerufen hatten: ungefähr um 1 Uhr, als meine Frau mit meiner Tochter beim Fenster am Nähtische gesessen, habe es wieder auf einmal an dieser Stelle einen so gewaltigen Schlag an den Boden herauf getan, daß man denselben weit außer dem Hause vernommen und das Tischchen hoch aufgesprungen sei, worauf sie mit zitternder Angst aus dem Hause gelaufen. Gegen Abend hörten das Dienstmädchen und eines meiner Kinder durch das Abtrittgänglein schwere dumpfe Tritte gegen die äußere Türe zukommen, wo es den schweren Eisenriegel aufrüttelte und die Türe langsam öffnete. Da sie niemand erblickten, faßte sie die Angst dermaßen, daß sie sich durch das Fenster aus einer Höhe von zwölf bis dreizehn Fuß in die Gartenlaube herunterstürzten, wo sie mit leichter Fußverstauchung davonkamen.

Am folgenden Tage konnte man nichts wahrnehmen. Dagegen klopfte es am Samstag den 6. September schon am Morgen zweimal heftig an die Stubendiele und den ganzen Tag über hörte man bald da, bald dort ein rasches leises Anklopfen an Türe und Wände, was am Abend mit dreimaligem, gewaltigem Anschlagen in der südwestlichen Ecke der Wohnstube, wo es bisher immer ruhig geblieben, endete. Über alle diese Erscheinungen wurde rapportiert, ohne daß man sich von Seite der Kommissionsmehrheit darum zu kümmern schien; die Untersuchung blieb auch für die Folge geschlossen.

Sonntag den 7. und Montag den 8. September. Das Poppern an die Dielen und Wände setzte sich auch diese beiden Tage fort nach ziemlich kurzen Unterbrechungen. Besonders nahm man es in dem obenbenannten Gänglein, sowie in meinem Schreibzimmer wahr, wo es bald von unten, bald von oben der Dielen, bald an den Zimmerwänden und ganz genau bemerkbar an die Schranktüren meiner Bibliothek anklopfte, in Anwesenheit von Dutzenden von Personen, die sich zur Beobachtung auf die verschiedenen Räume verteilt hatten. Es war darunter auch ein starker Zweifler aus dem Nachbarkantone Obwalden – woselbst die Presse gierig den Anlaß ergriff, dem Zorne ihres jugendlichen Aufklärungseifers gegen solch ein Schattenbild des Nebenkantons freien Lauf zu lassen – der sich nun sattsam überzeugte. Ein Klopfen, von dem ich mich erst jetzt entsann, es schon vor geraumer Zeit, ohne besonders darauf zu achten, gehört zu haben.

Dienstag den 9. September, mittags 12 Uhr, ein dreimaliges Poltern an den Stubenboden, dem ein starkes Zuschlagen der halbgeöffneten Türe folgte.

Mittwoch den 10. September. Ein Gerichtsaugenschein hatte mich heute nach Deckenried gerufen. Ich verreiste morgens halb 8 Uhr und kehrte abends ungefähr um dieselbe Stunde zurück. Schon auf meier Herkunft vernahm ich von Nachbarn, daß sie es heute aus weiter Entfernung in meinem Hause poltern gehört hätten. Heimgekommen vernahm ich, daß kurze Zeit nach meiner Abreise drei rasche und sehr heftige Schläge von unten an die Stubendiele erfolgten. Meine Frau, die sich im Schlafzimmer befand, sei mit der ältesten Tochter unter die Türe getreten; in diesem Augenblicke sahen beide in der Stube einen Stuhl (ohne Rückenlehne) erst langsam von der Stelle rücken, und dann im Nu umschlagend so gewaltig die Beine nach oben auf den Boden fahren, daß es den Staub aus den Dielennuten aufjagte, worauf die Stubentüre so gewaltsam in die Falle schlug, daß man über dem Lärmen aus einer entfernten Nachbarschaft dahergelaufen kam. Ungefähr um 12 Uhr mittags, als sich meine älteste Tochter, bei hellem Sonnenschein im Garten befand, hörte sie auf einmal ein Rauschen an der Spalierwand des Hauses und erblickte hinaufschauend eine weibliche Figur von außen in der Gegend des

Gängleins hoch an das Spalier hinauflangen. In der sicheren Meinung, daß das Dienstmädchen nach Trauben gelüste, betrachtete sie die Figur ohne Furcht genau, wobei ihr zwar aufgefallen, daß sie sich mit glattem Haarscheitel, Netze und dunkler Halsbinde außergewöhnlich trage und den Kopf so melancholisch vorgesenkt hätte. Als sie keck nach ihrem Namen rief, kam das Mädchen aus dem Keller, während jene Figur wie unter die Blätter sich duckend verschwunden war. Bei sofortiger Untersuchung habe man nichts mehr gewahren können. Später nahm man in diesem Gänglein ein Klopfen, mit einfallender Nacht ein Gepolter von außer dem Hause her und bald danach ein gewaltiges Zuschlagen der Stubentüre wahr. Etwa um 9 Uhr, da ich noch am Tische saß, und durch die offene Türe nach der Küche schaute, hörte ich nun selbst das Wischen, dessen meine Kinder schon wiederholt erwähnten, wie sie es häufig besonders in dem Gänglein vernommen hätten. Es ganz genau beobachtend, kam es von der Küche her gegen die Stubentüre, wie wenn jemand mit einem Birkenbesen, begleitet von langsamen Schritten in Schlappschuhen, den Gang kehren würde, und zwar so täuschend, daß ich erst dann glauben konnte, daß nicht in Wirklichkeit gewischt würde, als ich mich unter der Tür, bei der es langsam vorüber gegen die Haustüre fuhr, positiv überzeugt hatte.

Donnerstag den 11. September. Schon während der Nacht ließ sich ein lautes Poltern im Hause vernehmen. Durch den Morgen polterte es bald da, bald dort an Dielen und Wände. Es war heller Sonnenschein. Ungefähr um 9 Uhr war die Stube aufgeräumt. In der Mitte stand, wie gewöhnlich, der massiv nußbaumene Tisch von oben nach unten; an den Wänden Sessel und Kanapee. So alles geordnet verließ ich die Stube mit Frau und zwei Kindern (die übrigen waren abwesend) und wollte sie, die sich sehr fürchteten, in die oberen Zimmer geleiten. Das Dienstmädchen war in der Küche beschäftigt. Auf der Stiege hörten wir an der Wand des oberen Ganges ein rasches Klopfen in tanzenden Bewegungen. Aufmerksam gemacht auf ein Geräusch in der Stube, sprangen wir an deren Türe zurück, die ich nie aus dem Auge verloren hatte, und an derselben einen Augenblick lauschend, vernahm man ein Geräusch, als ob eine Gesellschaft von mehreren Personen in Socken herumtanzen würde. Rasch die Türe geöffnet, war es mausstill. Der schwere Tisch lag der Länge nach gegen die Türe das Unterste zuoberst, ebenso links zwei und vorne in der Stube zwei Stühle nebst dem Tabouret[16] vor dem Kanapee. Wir trauten kaum unseren Sinnen. Es mochte seit unserer Entfernung aus der Stube etwa eine Minute verstrichen sein. Während ich auf dem Kanapee

---

[16] Hocker.

saß, das an der Mittelwand zur Kammer platziert war, sah ich durch das offene Fenster auf der entgegengesetzten Seite des Zimmers von oben her etwas wie eine große Bremse in raschem Fluge auf mich zufahren und angeprallt unter das Kanapee fallen. Näher betrachtet waren es zwei frisch abgerissene entblätterte Baumzweiglein von circa zwei Zoll Länge. Als nach wenigen Augenblicken ein Mädchen unter das Fenster trat, wurde es von einem ähnlichen Zweige ebenfalls von oben her beworfen. Die Luft war ganz ruhig. In einem geöffneten Schranke fand man die am Morgen wohlgeordneten Schuhe auf das Bunteste durcheinandergerüttelt; im Hause hin und her polterte es in raschesten Bewegungen an Wänden und Dielen. Nachmittags, als es wieder etwas ruhiger geworden, es mochte um 3 Uhr sein, bemerkte einer meiner Knaben, der am Zeichnen saß, wie sich, nachdem es kaum zuvor die Stubentüre nach gewohnter Manier ins Schloß geworfen hatte, neben ihm ein gepolsterter Sessel sich von selbst zu bewegen anfing, etwa anderthalb Ellen[17] von der Stelle rutschte und dann auf einmal ohne mindestes Geräusch umgekehrt dalag. Als wir auf diese Mitteilung nach der Stube gingen, lag bereits ein zweiter Sessel in der gleichen Lage. Von da an blieb es ruhig bis abends ungefähr halb 7 Uhr. Wir wollten uns an den Tisch zum Nachtessen setzen; es fing

---

[17] 1 Elle = 0,6m.

bereits an zu dämmern, die Tür war ein bis zwei Spannen weit offen, da sah man etwas durch diese Öffnung hereinschweben, das wie ein dreizöpfiges graues Tüchlein aussah, vom Boden bis an das Türschloß reichte und in leichten Schwenkungen nach dem offenen Schranke des Eckbuffets schwebend, dort verschwand. Dieselbe Erscheinung zeigte sich nach ungefähr einer Stunde in der Küche, wo das Mädchen an dem Spülsteine stand. Anfänglich meinend, es streiche ihr eine Katze um die Füße, achtete sie dessen nicht, als es sie aber auf einmal derb am Rocke zupfte, sah sie dieselbe Gestalt von ihr weg sich nach der Hüttenstiege entfernen; der Schrecken brachte sie der Ohnmacht nahe. In diesem Momente stand noch eine Person aus der Nachbarschaft bei ihr und konnte das Phänomen ebenfalls wahrnehmen.

Freitag den 12. September blieb es vollständig ruhig, bis nachmittags 2¾ Uhr. Während die Familie am Kaffee saß, machte uns das Mädchen, das vor der offenen Stubentüre kehrte, auf ein Geräusch oben im Hause aufmerksam. Wir eilten hinauf, mit uns drei Studenten, welche die Neugierde hergeführt hatte. Da bot uns der geöffnete Saal ein sonderbares Bild der Unordnung dar. Von der linken Wand war ein größeres Tableau[18] (Amazonenschlacht) abgelöst und lag auf dem Glase am

---

[18] Ein Gemälde.

Boden, ebenso beide Pfeilerspiegel an der vorderen Wand. Eine gläserne Zuckerbüchse, die auf hoher Chiffonière[19] zur Rechten stand, lag vor derselben, den Deckel zur Seite ebenfalls umgekehrt auf dem Boden. Auf der Kommode an der Rückwand lag ein dort gestandener Fruchtkorb in gleicher Lage, während die Öllampe auf den äußersten Rand gerückt war. An einer Zierlampe, zusammengefügt aus phantastischen Formen wilden Alpenwacholders hing ein Sonnendächlein, das in einer Ecke des Saales gestanden hatte, vollständig aufgespannt, am Griffe, unter demselben war ein rotes Baregekleid[20], das am Fenster gehangen, auf den Boden gelegt und daneben in umgekehrter Lage zwei gepolsterte Sessel. Alle diese Gegenstände, wie zerbrechlich auch, waren unversehrt. Die über der Kommode hängende Photographie (Winkelreids Abschied) sowie ein Gemälde über der Chiffonière (Unterwaldner-Schützentanz) blieben unberührt. Ein Nachbar, der indessen ins Haus kam, verwunderte sich nicht wenig über die sonderbare Ordnung in der Stube. Sämtliche Stühle lagen rings um den Tisch, das Unterste zuoberst da. Es ist ganz begreiflich, daß ich, so lange ich im Hause war, ein unverwandt aufmerksames Auge

---

[19] Schmale; kleine Kommode.

[20] Benannt nach Barèges in den französischen Pyrenäen, ein halboffener, musselinartiger Stoff.

fortan auf alles gerichtet hatte, was vorging; da ich aber Lage und Verhältnisse genauest kannte, gewann ich die vollständige Überzeugung, daß auch dieser Spuk nicht von Menschenhand herrühren könne.

Am Samstag den 13. September, als wir morgens beizeiten nachsahen, fanden wir, trotzdem die Zimmer wohlverschlossen waren, dieselbe Unordnung noch im weiteren Maße angerichtet. Im Saale lagen das Tableau, beide Spiegel und Sessel wieder in derselben Lage, wie gestern, auf dem Boden, zu denen sich nun auch der Fruchtkorb von der Kommode gesellt hatte. An der Schraube, die den einen Spiegel gehalten, hing das rote Baregekleid und über dem obersten Fenster war der Vorhang mehrmal um die Stange gewunden. Im Gartenzimmerchen hatte sich ein kleines Tableau von seiner beinahe an die Wand zurückgebogenen Schraube abgelöst und ruhte ebenfalls umgewendet neben einem gestürzten Kleiderkoffer auf dem Boden. So in der Küche mehrere Geschirre. Und in der Hütte fanden wir die sehr große und schwere Waschstande rings von den kleineren Holzgefäßen, die in dieselbe hineingelegt waren, umgeben; alles umgestürzt.

Von Geschäften nach Luzern gerufen, hatte ich dort u. A. zufällig eine größere Summe Geldes einzuzählen. Bei meiner Rückkunft erzählten mir die Meinen, sie hätten diesen Nachmittag wieder eine ganz neue Wahrnehmung gemacht. Wie sie sämtlich in der Stube waren, hörten sie auf einmal in der anstoßenden Kammer ganz lautes Geld klingen, und so deutlich Stück für Stück aufeinander hinlegen, und dann die Rolle wieder auf die Seite schieben, daß sie samt und sonders glaubten, annehmen zu müssen, es sei da jemand mit Geldzählen beschäftigt. Nachsehend hatten sie aber niemand vorgefunden. Um die Zeit befragt, ergab es sich, daß sie genau mit derjenigen zusammentraf, wo ich dieses Geschäft in Luzern verrichtet hatte. Später, als die drei älteren Knaben vor dem Hause verweilten, hatten sie ein Herunterfallen von Steinen wahrgenommen. Es sei sogar ein solcher in Faustgröße dem Jüngsten auf die Achsel gefallen, ohne ihn aber schmerzlich zu berühren. Nach der Höhe schauend, wo selbe herkämen, haben sie einen ziemlich großen Stein oben aus dem Schornsteine herausfahren und ohne das Hausdach zu berühren unweit von ihnen auf das Sträßchen herunterfallen gesehen, wo er stark aufgeschlagen habe. Als wir uns abends um den Tisch gesetzt hatten, machte bald das eine, bald das andere die Bemerkung, daß sein Stuhl von selbst in leichte Bewegung gerate.

Sonntag den 14. September. Ich hatte befohlen, die Gegenstände in den Zimmern, wie wir sie gestern am Morgen vorgefunden hatten, unberührt liegen zu lassen, um zu sehen, was damit weiteres geschehen würde. Als wir nun am Morgen neugierig die Runde machten, fanden wir die Gegenstände unverrückt, dagegen lag im Saale noch ein Fußschemel umgestürzt; an einer der Schrauben, an welcher das Tableau gehangen, war der Griff des Sonnenschirms, den wir am Freitage wieder in die Ecke gestellt, eingehängt und der Schirm vollständig aufgespannt. Um die leere Schraube des einen Spiegels hatte sich die Holzkette der Lampe geschlungen und hielt das Baregekleidchen von unten am Saume. Im Garten- zimmer schien es, als hätte ein Satyr gehaust. An einer Wandschraube näher dem Fenster hing das Kopfkissen des Bettes, an derjenigen des Tableaus der Bodenteppich bei losgerissenem Ende. Diese beiden Gegenstände waren sodann von dem Fenstervorhange, von dem sich ein Zipfel leicht um die hintere Schraube wickelte, zum größeren Teile verdeckt. Im anstoßenden Kabinettchen lag der Spiegel, sowie ein Gipsrelief (St. Anna) ebenfalls umgewendet auf dem Boden, und auf der Bettdecke, halb unter dem Fußkissen, ein mit blauem Kalke durchzo- gener Tonschiefer meiner kleinen Mineraliensammlung, dessen Zeichnung sehr getreu einen Menschenschädel darstellt. Aus der Küche hatte es die Kaffeemühle, einen Krug, ein stürzendes Gefäß und ein Becken in das Küchenstüblein hineinpraktiziert und ebenfalls umge- wendet auf den Boden gestellt. Im Keller fand sich bei diesem Anlasse die am Morgen von dem Dienstmädchen vermißte Feiertagsschürze, die sie doch in ihrem Koffer eingeschlossen zu haben behauptete, über einem gärenden Mostfasse ausgebreitet.

Mittags vertraute ich das Haus einer zuversichtlichen Wache, um mit meiner noch da weilenden Familie aus dem Gedränge der Leute eine kleine Zerstreuung nach Kehrseiten hinzumachen. Wie wir des Abends mit der Dämmerung gegen das Haus kamen, sahen wir etwas, wie ein leichtes graues Wölklein uns vorausfächeln, in der Stube trafen wir bei zwanzig Personen, die aus der umliegenden Gegend herbeigekommen waren. Von einer Anwandlung der Furcht konnte in so großem Kreise nicht die Rede sein. Wie die Nacht einbrach und man sich anschickte, Licht zu machen, klagte plötzlich eines meiner Mädchen mit Angstgeschrei, es werde wir mit eiskalten umhertastenden Fingerspitzen über den Nacken und im Gesichte berührt. Mit dem Anzünden des Lichtes hörte dieses auf. Kaum wieder im dunklen Hausgange verspürte es die gleiche Berührung abermals, über welche sich auch das dort weilende Dienstmädchen beklagte und später beteuerte, daß auf dem ganzen Wege nach dem Flecken, wohin sie jetzt gehen mußte, dieses Berühren wie von kalten, spitzen Hundeskrallen sie geplagt hätte.

Die Leute verloren sich erst gegen Mitternacht. Ich geleitete die letzten etwa um 12 Uhr selbst an die

Haustüre, die ich sodann abschloß. Ich sah mich genau um und schloß ebenso sorgfältig die Stube ab, indem ich den schweren Eisenriegel vorschob, worüber ich mich mißtrauisch, wie man unter solchen Vorgängen gegen seine eigenen Sinne wirkt, mit aller Genauigkeit vergewisserte. Als ich in die Kammer trat, wo meine Familie sich zur Ruhe anschickte, (denn es getraute sich keines mehr beim hellen Tage allein in ein Zimmer, geschweige zur Nacht in einem abgesonderten zu schlafen) – schob ich auch hier den Nachtriegel vor. Die Kerze war noch nicht ausgelöscht, und vornen im Ofenrohr brannte ein schwaches Nachtlicht. In diesem Augenblicke sah ich etwas mit der Bewegung eines Blitzes über der schwankenden Flamme des Lämpchens in das Ofenrohr fahren, während über einem gleichzeitigen Klirren alle erschrocken auffuhren. Wie ich hier nachsah, erblickte ich zu meiner nicht geringen Verwunderung, nebst einigen Glasscherben und Ziegelstücken, einen Lappen und einen Butzen von frischer Birne, ein altes Beil, das sonst seinen Platz im Küchenstüblein hatte; bemerkte dann auch, daß die Kammertüre aufgeschlossen, und wie ich mit der Kerze in die Stube trat, daß auch die Stubentüre etwa zur Hälfte offen stand. Einer meiner Nachbarn, dessen Charakter für die Wahrheit seiner Worte bürgt, erzählte mir in der Folge, daß er am gleichen Abend nachts beim Hause vorübergehend in dessen Nähe eine hell lodernde Lichtflamme wenige Fuß über dem Boden gesehen habe; ihr näher tretend, sei sie ihm auf einmal entschwunden, wie er glaubte, in die weiteste Ferne.

Montag den 15. September. Als wir nach dem Mittagessen noch am Tische saßen, sahen zwei meiner Kinder ein durchsichtiges ungenaues Schattenbild von der Haustüre her durch den Gang an die offene Stubentüre schnell herantrippeln, wo es einige Male keck anklopfte, und dann die Türe wie gewohnt rasend ins Schloß warf. Ungefähr um 1 Uhr nachmittags ließ sich in dem finsteren Gänglein das Wischen, das sich bei geöffneter Türe fortsetzte, wieder hören, worauf man ziemlich schwere, dumpfe Tritte vernahm, als ob jemand aus diesem Orte wegginge. Bald danach hörte ich auf meinem Schreibzimmer als ob jemand im anstoßenden Kabinettchen ein Spulenrad triebe, an dem man den Zwirn in langen Zügen aufdrehte. Das Schnurren der Spindel war so stark und so ähnlich, daß ich, von der Wirklichkeit mich selbst zu überzeugen nicht zauderte. Ohne jedoch eine Spur finden zu können, glaubte ich, wo ich immer hinkam, es stets im Nebenzimmer zu hören, und meine Untersuchung brachte keine Störung in diese Arbeit. Das Mädchen behauptete, dieses Zwirnen in letzterer Zeit schon einige Male gehört zu haben; dann und wann sei es ihr wieder vorgekommen wie das

Rädergerassel beim Aufziehen einer alten Schwarzwälderuhr. In den oberen Zimmern hatte es keine Unordnung mehr angerichtet, wohl aber spukte der Satyr auf ähnliche Weise in den unteren Gemächern. Meine Frau, im Begriffe zum Ausgehen sich anzuziehen, es war etwa 2 Uhr, hatte ihren Hut auf das Kanapee in der Stube abgelegt; im Nu war er weg. Mit Verwunderung suchend, da ihn niemand wollte berührt haben, fand man ihn endlich über einem Ölgemälde in der Kammer hängen, während mein danebenhängendes Porträt umgewendet war. Ich brachte das Gemälde wieder zurecht und verweilte einige Zeit umsonst beobachtend davor; kaum war ich weg, so hingen beide Gemälde umgewendet. Auf nochmaliges Zurechtmachen blieben sie in Ruhe. Es geschah dies, während das Dienstmädchen mit dem Reinigen des Stubenbodens beschäftigt war, und zwei Personen, von denen eine aus der Nachbarschaft, am Tische Karten spielten, ohne, wie sie sämtlich beteuerten, irgendetwas bemerkt zu haben, was auf eine Manipulation von Menschenhänden hätte schließen lassen.

Auf den Abend hatten sich drei Bekannte eingefunden, um uns den immer beschwerlicher werdenden Aufenthalt durch ihre Wache etwas zu erleichtern, wie wir denn seit Wochen keinen Abend, und sehr selten des Tages, allein mehr wohnten. Als wir so am Tische und auf dem Kanapee sitzend auf die unausstehliche Berührung von gestern Abends zu sprechen kamen, fiel es einem bei, die Kerze zu löschen. Im Augenblicke jammerten meine Frau und Kinder, daß sie von einem flüchtigen eiskalten Betasten wie von feinen Fingerspitzen im Gesichte und Nacken berührt würden. Meine Frau empfand das leise Streichen wie von kalter Totenhand über ihre Stirne, und sank, der Ohnmacht nahe, in meine Arme.

Ich saß der Fensterbank gegenüber, zur Rechten meine Familie und zur Linken die drei Gäste. In diesem Momente sah ich ganz deutlich das Schattenbild wie von einer großen Menge zappelnder Hände vor den Fenstern mit Blitzesschnelle hin und herzucken; Berührung fühlte ich keine, so wie auch die Gäste nicht. Mit dem Wiederanzünden des Lichtes hörte das Spektakel auf. Gegen Mitternacht verließ uns diese Wache. Als wir uns zur Ruhe begeben wollten und das Nachtlicht an seinen Standort brachten, entdeckten wir im Inneren des Ofenrohres nebst einem abgekörnten Maiskolben dasselbe Beil von gestern, das ich wieder an seinen früheren Ort gebracht hatte, nebst einer Sichel und einem eisernen Ringe von drei bis vier Zoll Durchmesser, den ich mich nicht entsinne früher gesehen zu haben. Mit der Entfernung dieser unheimlichen Gegenstände beschäftigt, klagte das Mädchen plötzlich über ein Stechen in seinem Haare und zog jetzt eine zerbrochene Stricknadel sowie eine Birne aus dem Netze. Indem ich ihr zum Wegtragen der Gegenstände zündete, war ich Augenzeuge, wie sie in der Stube wiederholt von Birnen beworfen wurde, die in ihrem Haarnetze steckenblieben. Sobald die Kerze aus dem Schlafzimmer war, jammerte eines meiner Kinder wieder über das eisige Betasten an Hals und Gesicht, und wir waren genötigt, nebst dem Nachtlichte die ganze Nacht über auch eine Kerze brennen zu lassen. Öfters wollte bald das eine, bald das andere fühlen, als ob sich etwas Schweres zu den Füßen auf das Bett niederließe, und dann wieder von Zeit zu Zeit an der Decke zupfe. Auch das kleine Kind wurde wiederholt unruhig, strich mit seinen Händchen mehrmals über das Gesicht und machte abwehrende Bewegungen. Über das kalte Anfühlen klagte eines meiner Kinder mehrere Male noch an dem Morgen des folgenden Tages, als es schon helle geworden.

Dienstag den 16. September. Ich sah mich wieder im Falle, einen Teil meiner Familie zu entfernen. Wie schwer auch der Gedanke fiel, das Haus, diese früher so heimelige Landwohnung, verlassen zu müssen, um jedenfalls vor Jahren, vielleicht nimmer wiederzukehren, mußte derselbe doch nun in vollem Ernste aufgenommen werden. Bevor ich aber dazu schreiten sollte, hätte ich noch gerne einen letzten Versuch gemacht, um einige dieser Vorgänge durch eine legale Untersuchung zu konstatieren. Freilich war eine falsche durch die Beschlüsse des Wochenrates oder vielmehr durch das beharrliche Rückhalten der Regierungskommission gelähmt. Dessen ungeachtet hatte ich im Sinne, mit Nächstem, wenn möglich auf den Abend einen Zirkel bereitwilliger Freunde zu diesem Behufe zu sammeln.

Unterdessen nahmen die Phänomene ihren Fortgang. Gegen 8 Uhr des Morgens war ich Augenzeuge von dem sonderbarsten Herumhüpfen eines Apfels. Derselbe kam von ober dem Hause über die untere Stiege herunter-geworfen an die Haustüre, von welcher er sodann in mehreren Sprüngen an mir vorüber durch den Gang in die Küche hüpfte. Das Dienstmädchen, dort am Feuerherde beschäftigt, nahm diesen gequetschten Apfel (Renette), und legte ihn auf den Küchentisch, von dem er nach kurzer Rast wieder in drei bis vier Sprüngen nach dem Hausgange eilte, wo sie ihn noch einmal auffaßte und zum Küchenfenster hinauswarf. In wenigen Augenblicken kam er wieder zum gleichen Fenster hereingeflogen auf den Küchentisch, von dem er nach kürzester Rast in mehreren Sprüngen durch die Küche und Hausgang in die Stube und von da nach abermaliger kurzer Ruhe im spitzen Winkel an die Kammertüre zurücksprang, wo er auf dem Boden dieses Zimmer ruhen blieb. Als ich bald nachher wieder in die Küche trat, schlug eine Birne ganz nahe an meiner Seite, wie von der Decke des Zimmer herunter, so blitzschnell und stark auf den Boden, daß sie ganz zerquetscht wurde. Außer der Magd, die am Herde stand, befanden sich alle noch im Schlafzimmer. Um 12 Uhr, wie einer der Knaben auf meinem Zimmer zeichnete, hörte er, indem ich aus der Türe trat, als ob jemand in starken, dumpfen Tritten neben seinem Stuhle aufträte. Als wir im Laufe des Nachmittags nach den Ofenrohren sahen, wie das seit den schauderhaften Entdeckungen jetzt öfters geschah, fanden wir dasselbe mit einem älteren Pferde-geschirr und einer Kette gefüllt, die so kompakt in diesem nach innen weiten Raume hineingepreßt waren, daß ich sie nur mit größter Mühe wieder herausnehmen konnte. Das Geschirr hatte sonst im Küchenstüblein, die Kette aber in verschlossener Remise[21] gehangen. Mir fehlte auch da jeder Anhaltspunkt, dieses Geschehene auch nur mit einigem Verdachte einer menschlichen Hand zuzuschreiben. Am Abend nach dem Essen teilte ich meiner Familie meine Gedanken über Anstellung einer neuen Untersuchung mit, worüber mancherlei Hoff-nungen und Bedenken laut wurden, und las dann etwas aus einer Zeitung vor. Wir saßen um den Tisch, die Türe stand offen, weil sich das Mädchen, das jetzt an einem

---

[21] Die Remise ist ein Wirtschaftsgebäude, das in der Regel für Fahrzeuge oder Geräte errichtet wurde.

Spülsteine beschäftigt war, sonst sehr fürchtete. Auf einmal winkte man mir innezuhalten. Man höre jemanden da draußen mit der Magd sprechen, was ich nun auch deutlich wahrnahm. Im Begriffe näher aufzuhorchen, stürzte das Mädchen leichenblaß mit Angstgeschrei aus der Küche auf uns zu und erzählte uns, nachdem sie sich vom ersten Schrecken erholt hatte, daß die tiefächzende Stimme, die sie schon öfters gehört hätte, wie neben ihr aus der Wand heraus langsam gesprochen habe: „Jetzt komme ich nimmer!" Sie habe, versicherte sie, während dieser Worte vor Angst keinen Atem schöpfen können. Kurz vorher fühlte meine Frau einen eiskalten Hauch über ihre Hand streichen, worauf sie sich über leichtes Erstarren des Handgelenkes beklagte; eine Erscheinung, die beim hellen, warmen Tage, wie bei Nacht, nicht bloß von den Mitgliedern der Familie, sondern auch von anderen Anwesenden gefühlt worden war. Es war die Empfindung, wie wenn man von einem Blasbalge angeblasen wird. Dessen ungeachtet war es am folgenden Tage, Mittwoch den 17. September, nicht ruhig geblieben. Eine Stricknadel, welche in den letzten drei Tagen sehr unruhig geworden, trieb auch heute ihr Spiel, legte sich bald in dem einen, bald in dem anderen Zimmer ab. Das geschah aber so blitzschnell, daß die Blicke nur ein Zucken wahrnehmen konnten, unter dem sie auf den Boden fiel. Einmal wurde sie zum

Fenster in das Gras hinausgeworfen, nach einer kurzen Weile lag sie wieder da. Um Mittag wollte man an der Hauswand gegen den Garten wieder ein leichtes Anklopfen gehört haben. Als einer meiner Knaben circa um 1 Uhr an der Saaltüre vorüberging, behauptete er, in demselben ein dem Tanzen mehrerer Paare ähnliches Schleifen, sowie am Abend ein starkes Anklopfen an den Boden beim Abtrittgänglein gehorcht zu haben.

An den zwei folgenden Tagen blieb es ruhig. Die Untersuchung schien wieder vereitelt zu werden. Die Furcht aber, vor der meine ganze Familie einmal ergriffen war, und die Befürchtung des Äußersten bei allfälligem Wiedereintritte solcher Erscheinungen, bewogen mich am Samstage zur Abreise, um irgendwo anders im Schweizer Lande ein Asyl vor diesen unerklärbaren Verfolgungen zu suchen.

Am 21. September kam ich abends wieder von meiner Reise zurück, kaum nachdem meine Frau, der ich anbefohlen hatte, auf diesen Tag das Haus vor dem leichtsinnigen Pöbel, den jeweilen die verschärfte Polizei des eidgenössischen Bettages[22] namentlich massenhaft aus der benachbarten Stadt Luzern treibt, abzuschließen, einer Gesellschaft die Türe gewiesen hatte, die ihre gegen die Ländler gewohnte städtische Ungeniertheit so weit trieben, daß sie sich der Leiter bedient hatte, und Dieben

---

[22] Schweizer Feiertag, jeweils am dritten Sonntag im September.

gleich durch die Fenster eingebrochen war. Zur Satisfaktion darf hier beigefügt werden, daß einzelne derselben, scheinbar besserem Stande angehörend, durch das ruhig gemessene Zurechtweisen wenigstens beschämt von hinnen gingen. Wie wehe mir auch diese Verletzung des Hausrechtes tat, so konnte ich doch das Gebaren eines Teils der luzernischen Presse nun auch eher begreifen und mit mehr Gleichmut hinnehmen. Es wäre übrigens ungerecht, hier nicht vieler honetten Persönlichkeiten aus dieser Nachbarschaft zu erwähnen, die sich zum Teile selbst von diesen Erscheinungen überzeugt hatten, und nicht ohne Teilnahme solche Ausschweifungen und den wetteifernden Unglauben mißbilligten, den die müßigen Platzhüter und Neuigkeitsjäger daselbst zum Unterhaltungsstoffe der Cafés gemacht hatten.

Mich nach den inzwischen vorgefallenen Erscheinungen erkundigend, teilte mir ein Wächter mit, daß er heute ein einziges Mal etwas und zwar ein Geräusch in der Küche vernommen habe, als ob das dastehende Wassergefäß auf den Küchenboden auslaufen würde; er habe dann mit einer zweiten zufällig anwesenden Person, die dies bejahte, sich ganz genau umgesehen, allein keine Spur zur Veranlassung dieses Geräusches, das wie in unmittelbarer Nähe und ziemlich stark gewesen sei, entdecken können. Dagegen wurden am

Montag den 22. September wieder mehrere Vorgänge wahrgenommen. Als um 12 Uhr eine meiner Töchter am Brunnen weilte, sah sie sich plötzlich von einem Steinregen überfallen, der rings um sie, ohne sie zu treffen, auf den Boden schlug. Zwei, die am Fenster in der Küche standen, sahen einen Stein vom Hausdache herunterfallen, worauf alsbald ein circa zwei Pfund schwerer scharfkantiger Mauerstein durch den Kamin herab auf den irdenen Pfannendeckel und von diesem auf den Boden absprang, ohne etwas zu beschädigen, und ohne ein Rußmal zu hinterlassen. Abends circa 5 Uhr, da in Abwesenheit des Hüters die sämtlichen Hausgenossen außer das Haus begeben und dasselbe abgeschlossen hatten, sahen drei, die unten am Hause standen, den Vorhang beim unteren Kammerfenster in Bewegung geraten, und als faßte eine unsichtbare Hand denselben in der Mitte zusammen und schwenkte ihn mit aller Behendigkeit auf und nieder. Dieselbe Bewegung schauten drei andere von der Vorderseite des Hauses an den Vorhängen, und eines der Kinder glaubte durch die Fensterscheiben eine graue unförmliche Gestalt sich bewegen zu sehen. Als jetzt einer der Knaben mit einem herbeigekommenen Arbeiter das Haus betrat, hörte er von der Ecke der Kammer ein so lautes Schnurren oder Rollen, daß der Boden erbebte; sehen konnte er aber nichts mehr. Später zeigte sich jenes graue Bild wieder und am offenen Kammerfenster ein Winken wie mit einem weißen Tüchlein. Eine meiner Töchter behorchte noch später in der Küche ein wehmütiges Schluchzen, das wie aus den oberen Gemächern herkam und lange anhielt.

Am folgenden Tage (den 23. September) konnten wir nichts bemerken bis abends halb 7 Uhr, wo es wieder Steine durch den Kamin herabwarf. Es waren taunasse Kiesel von der Größe etwa eines Hühnereies.

Am Mittwoch den 24. September, vormittags, fuhr plötzlich ein Stein zwischen meinen zwei älteren Mädchen, welche vor dem Hause standen, nieder, ohne sie empfindlich zu berühren. Nachmittags klopften wieder einmal zwei ziemlich starke Schläge an dem Stubenboden herauf. Am Abend, wie einer meiner Töchter unten am Hause bei einer Nachbarin verweilte, sah sie hinter dem geschlossenen Küchenfenster einen grauen Lappen rasch hin und her und auf und niederfahren, gehalten wie von einem gebräunten Knochenarm. Die Nachbarin, die darauf aufmerksam gemacht, dies ebenfalls schaute, ermannte sich und sprang durch die Hütte nach der Küche. Die Erscheinung aber war blitzschnell verschwunden und sie fand nichts mehr vor. Hierauf warf es in die Küche mehrere kleine und große Kieselsteine.

Donnerstag den 25. September. Im Ordnen meiner Geschäfte begriffen, hatte ich vormittags im nahe gelegenen Flecken Gelegenheit gefunden, mich über den Vertrag eines Holzwerkes in meinem Walde zu besprechen. Wie ich um Mittag nach Hause kam, erzählte mir meine Frau, daß sie des Vormittags in der Küche, nachdem eines der Kinder ein schwaches Klopfen an den Boden gehört hätte, längere Zeit ganz deutlich ein Holzspalten aus der Hütte herauf vernommen habe, während sich doch niemand dort fand. Der Schlag der Axt, deren Seufzen und das Ausspalten des Holzes habe man ganz wohl unterscheiden können; sie habe die Kinder herbeigerufen, welche es ebenfalls mitangehört. Des Nachmittags behorchte eine meiner Töchter das lang anhaltende Rollen, welches dem Aufziehen einer alten Stubenuhr glich, und später ein leichtes Anklopfen an meinem Büro. Als die Kinder des Abends allein gelassen sich in die vermietete Wohnung zurückzogen, verfolgte sie auch hier das Steinwerfen bis in das Zimmer, während man in diesem Neubau sonst keinerlei Spuk bemerkt haben wollte. Später, da sich wieder alle in der Stube befanden, habe man auf die kecke Aufforderung, sich, was auch immer es sei, zu enthüllen, Tritte von der Hütte herauf bis an die Stubentüre kommen hören, wo sich aber der Kinder die Angst bemächtigte und dem Exorzisten der Mut entsank. Es mochte zwischen 7 und 8

Uhr sein. Man wollte sodann noch eine leichte Bewegung der ans Schloß angelehnten Türe und ein allmählich abnehmendes Murren gemerkt haben. Ich hatte, da heute Gerichtstag war, bis gegen 9 Uhr in Stans zu verweilen.

Samstag den 27. September warf es während des Nachmittags, als ich mich mit einem Möbelarbeiter im Zimmer über der Stube befand, einen beweglichen Zimmermanns-Winkel von der obersten Diele neben uns in den Hausgang herunter, ohne daß wir bei sofortigem Nachsuchen die Ursache entdecken konnten. Mit furchtbarem Schrecken überwältigte am Abend eine weißliche Erscheinung unter dem Fenster der Diele einen meiner Knaben. Dieselbe zeigte sich ihm in der Form zweier Arme mit schneeweißen, breiten, vorn zugespitzten Händen, die ihm gaukelnd entgegenschlugen und dann verschwanden.

Sonntag den 28. September bemerkte man das Steinwerfen mehrmals: Vormittags vom Kamine in den Garten, abends vom Innern des Hauses in die Küche, sowie über die Stiegen herunter, und im Laufe des Nachmittags zwei dumpfe Schläge an den Stubenboden. Am Abend war ich, aufmerksam gemacht, Ohrenzeuge, wie es unter dem Abtrittboden lange nagte, wie ein Hund an einem Knochen, und dann mit mehrmaligen Klopfen endete.

Montag den 29. September. Vormittags nahm man das Kieswerfen im Garten wiederum wahr. Dann blieb es ruhig bis abends, wo eine meiner Töchter nebst einem Verwandten außer dem Hause von meinem Schreibzimmer her ein lautes Klopfen vernahm, zuerst an den Boden, sodann an die Fenster desselben. Bei sofortigem Nachsuchen fand sich gar niemand im Hause vor.

Am folgenden Tage war es ruhig bis abends bei einbrechender Nacht, wo es einen faustgroßen Stein unter starkem Poltern über die Stiege bis vor die Stubentüre, und einen in die Küche warf; beide waren taufeucht. Von da an wurde nichts mehr bemerkt bis zur Nacht vom 3. auf den

4. Oktober. In dieser Nacht ward es in den oberen Zimmern unruhig, und man meinte mehrmals dumpfe Tritte in der über dem Schlafgemache liegenden Laube zu vernehmen. Ich begab mich heute nach Luzern. Um Mittag bemerkten meine zwei älteren Mädchen, als sie sich außer dem Hause in der Nähe des Milchkellers befanden, ein Klirren an dem Eisengitter des unteren Fensters, worauf sie wahrnahmen, daß ein ziemlich großer Stein hereingefahren und in die Waschstande niedergefallen sei. Bald nachher erblickte mein zweit-ältester Knabe ein kleines, dreieckiges weißes Bild von innen bis an dieses Fenster herankommen, und dann

rasch wiederum zurückfahren. Das Haus war von allen verlassen und abgeschlossen. Als sie etwa um 2 Uhr dahin zurückkehrten, fanden sie in der Stube drei Sessel umgestürzt, und in deren Sargen eiserne Zwingen, welche niemand umgelegt, noch auch die Eisenringe vorher gesehen haben wollte. Mit der Dämmerung kam ich nach Hause, und als ich mich nach dem Nachtessen zum Obstkeltern in die Nachbarschaft begeben sollte, wollte in dem Hause niemand verweilen. Man schloß die Überbleibsel der Mahlzeit, worunter ein Zinnteller mit 2 ½ Wurst nebst dem Brote, in den hierfür bestimmten Schrank des Stubenbuffets ein und zog den Schlüssel ab. Ebenso wurden Zimmer und Haustüren abgeschlossen. Während die Knaben und das Dienstmädchen mit mir kamen, verfügte sich meine Frau mit den Mädchen in die vermietete Wohnung im Neubaue. Es mochte ungefähr 10 Uhr sein, als ich mit meinen Begleitern an der Mietswohnung ankam und dann Sämtliche nach Eröffnung in das Haus wieder eintraten. In der Stube fand man die vor dem Weggehen verschlossene Schranktüre offen, die Zinnplatte lag umgewendet auf dem Boden, daneben das Brot und auf den Sesseln herum die Würste. Aus dem Anbaue hatte sich niemand entfernt. Die Nacht über glaubte man zum wiederholten Male ein Herumgehen in den oberen Zimmern zu gewahren.

Am andern Tage warf es nachmittags mehrere frisch abgerissene entblätterte Baumzweige durch den Kamin in die Küche herunter, wovon ich nebst mehreren meiner Hausgenossen Augenzeuge war.

Am Montag den 6. Oktober hatte ich mich mit meiner Frau nach Luzern an die dortige Messe begeben. Schon um 9 Uhr bemerkten die Kinder in dem Gänglein, wie früher sehr oft, das Hinrutschen an die äußere Türe und deren Auf- und Zuschließen. Bald nachher klopfte es vom Gange her an die Stubenwand. Einmal hörten sie im Hausgange wie vom Boden herauf dieselbe tiefächzende Stimme, wie sie schon oftmals gehört worden, bald nach dem Namen des einen, bald des anderen Mädchens rufen, bald nach dem Aufenthaltsorte der Mama sich erkundigen. Dann hätten sie Geräusch oben im Hause wahrgenommen, worauf sie sich wieder außer das Haus begaben. Wie sie des Nachmittags sich bei der Scheuer aufhielten, meldete ihnen die Frau aus dem Anbaue, daß sie, wie sie soeben aus dem Allmendacker, wo sie mit ihrem Manne beschäftigt war, heimkehrend gegen den Hausgarten gekommen sei, im Hause ein Mädchen am Fenster sitzen gesehen habe, welches der Magd ähnlich, jedoch aber sorgfältiger gekleidet wäre und unverwandt bedächtig vor sich hin auf den Boden geschaut hätte. Es zeigte sich, daß unser Mädchen in der Nachbarschaft abwesend war. Am Fenster sah man nichts mehr. Nach einer Weile wollte meine zweitälteste Tochter sich nach der Wäsche im Garten umsehen und erblickte jetzt auch dieselbe Figur am gleichen Fenster, die sie nun lange ruhig betrachtete. Es trug diese Mädchengestalt eine grüne Jacke und über glattem Haarscheitel ein Netz, das Haupt melancholisch tief vor sich hingebeugt. Zweifelnd, ob es doch das Dienstmädchen wäre, rief sie ihr keck beim Namen, worauf sich das Bild tief und tiefer in auffallender Höckerform verduckte. Sich nach der Magd erkundigend, sah sie dieselbe von einem entfernten Nachbarhause, wohin sie Obst gebracht hatte, zurückkommen. Einer der älteren Knaben, als ihm dies mitgeteilt worden, lief alsbald nach dem Garten, um diese Erscheinung auch wahrzunehmen. Er sah am gleichen Orte nichts mehr, wohl aber durch das offene Fenster des Gartenzimmers dieselbe Figur, wie er aber meinte, in brauner Jacke, vom Gange her in das Zimmer treten und dann keck den Fuß auf die Fensterlehne schwingen, als ob sie herausspringen wollte, dann aber plötzlich verschwinden. Abends, nachdem wir nach Hause zurückgekehrt waren, wurde die gleiche Figur wieder am unteren Fenster von der Magd und der Tochter, welche sie nachmittags geschaut hatte, noch einmal ganz in der früheren Stellung beobachtet. Ein sofortiges Nachforschen führte auch hier zu keinem Resultate.

Am 8. Oktober, während sich vormittags meine Frau und einige meiner Kinder zu einer kleinen Bergreise nach Rickenbach anschickten (ich war früh morgens nach Zürich verreist), klopfte es noch einmal mit aller Heftigkeit an den Kammerboden herauf. Es war das eine der letzten auffallenden Erscheinungen. Was weiteres bis zu unserem Auszug aus dem Hause noch vorging, reduzierte sich auf das Steinwerfen und Herumgehen in den leeren Gemächern des Hauses, nach Pausen von zwei bis drei Tagen.

Am 22. Oktober, am Tage wo wir das Hausgeräte verpackten, bewarf es die Kinder mit großen Stücken von aus dem Kamine (der am 20. September vom Kaminfeger gereinigt und untersucht worden war, ohne daß er auf etwas Verdächtiges gestoßen wäre) abgelöstem Ruße und trieb sie aus den obersten Gemächern mit Holzstücken, Steinen und Nüssen heraus.

Die Gefühle, mit denen ich am anderen Tage das Haus, in welchem ich mit der ersten Minute des Neujahrs 1818 ins Leben getreten, das Glück einer harmlosen Jugend unter dem wohlwollendsten Schutze meiner unvergeßlichen Eltern verträumte und seit zwanzig Jahren die Freuden eines glücklichen Familienlebens genossen, – die Gefühle, mit denen ich alle meine früher so traulichen Gemächer jetzt nacheinander abschloß, um sie wahrscheinlich nimmer zu bewohnen, haben so tief in das Mark meines Lebens gegriffen, daß sie stumpf gegen jeglichen Spott gemacht haben. An der Grenze meines freundlichen Landsitzes angekommen, lernte ich die Worte des Dichters im vollen Sinne begreifen, daß an so einem Heimwesen oft ein halbes Menschenleben hängt.

Ein scharfer Griffel hat aus dem Tagebuche meines Lebens die schönere Hälfte mit einem Zuge gestrichen, – des unberechenbaren Schadens nicht zu gedenken, der mir erwachsen ist. Ich lege aber alles als Pfand für die treue Wahrheit dessen, wovon ich mich seit Wochen mit hellem Sinne überzeugt, und mit der der Wissenschaft und ihrer ewigen Forschung schuldigen Gewissenhaftigkeit hier in dieser kleinen Schrift nieder.

Wenn ich lange Namensverzeichnisse von Zeugen aus verschiedenen Ständen, auf die ich wiederholt hingewiesen, hier weggelassen habe, so geschah es keineswegs, um dieselben vorzuenthalten, vielmehr werde ich stets bereit sein, ernsten Forschungen von Autoritäten zur Beschwichtigung allfälliger Zweifel damit beizustehen.

Daß in unseren Tagen diese nicht die einzige Erscheinung dieser Art ist, dafür sind mir, abgesehen von den in neuerer Zeit auf diesem Gebiete der Forschungen gesammelten Erfahrungen, zeugen die Menge von Zuschriften, die mir im Laufe dieser schweren Tage von achtbaren Händen zugekommen sind über ähnliche selbst erfahrene Erlebnisse. So schreibt mir u. a. ein vornehmlich in der liberalen Schweiz hochangesehener Freund, daß auch ihm ebenso unerklärbare Phänomene begegnet, die aber minder tumultuos im engen Kreise Vertrauter gebannt blieben, und ein anderer, ebenso teilnehmender Freund und in diesen Dingen erfahrener Gelehrter hat die Freundlichkeit gehabt, vorliegende Schrift mit einem Vorworte zu versehen.

Das Haus blieb seit unserer Abreise geschlossen und ist erst in diesem Frühjahre wieder von einem Mieter bezogen worden, ohne daß bisher von einer Fortsetzung dieser Erscheinungen mit Bestimmtheit etwas bemerkt worden; auch blieb ich mit meiner Familie von meinem Auszuge an von derartigen Verfolgungen verschont.

Das weitere Schicksal der Familie Joller und des „Spukhauses"

MELCHIOR Joller verließ mit seiner Familie im Herbst 1862 Stans, um nie wieder in sein väterliches Haus zurückzukehren. Die Familie lebte kurze Zeit in Luzern, um von dort nach Rom überzusiedeln. Melchior Joller trat dort, wohl in Ermangelung anderer Möglichkeiten, der päpstlichen Zuaventruppe[23] bei. Er verstarb als Soldat verarmt in Rom am 9. November 1865. Die Nachfahren der Familie Joller leben immer noch dort.

Das Spukhaus selbst wurde nach dem Auszug der Jollers weiter bewirtschaftet, ohne daß man irgendwelche weiter auftretende Phänomene hätte wahrnehmen können. Der Spuk verschwand mit der Familie Joller.

Im Jahr 2000 wurde das Haus aus der schweizerischen Denkmalliste gestrichen und schließlich im Februar 2010 abgerissen, um Wohnkomplexen und

---

[23] Im 19. Jahrhundert in allen europäischen Staaten aufgestellte beliebte Infanterieregimenter, mit im orientalischen Stil ausgestatteten Uniformen.

einem Einkaufzentrum Platz zu machen, die dort entstehen sollten.